幼児のための環境教育

スウェーデンからの贈りもの「森のムッレ教室」

岡部翠 編

新評論

左上：雨の日も晴れの日も一年中野外で
右上：木工の時間には釘をうつ練習も
左中：自分の能力に合わせて挑戦
左下：保育士の庭仕事のお手伝い
右下：生き物を大切にする気持ち

スウェーデンからの贈りもの「森のムッレ教室」

左上：自然のなかで見つけた宝物
中左：川や湖にもお出かけ
中右：森のなかでお絵かき
下：五感のすべてを使って自然を体験

日本各地で
実践されている
「森のムッレ教室」

左上：ルールを守って自然のなかへ出かけよう
右上：雨上がりの雑木林での発見
中左：自然のなかは遊びの可能性がいっぱい
中右：落ち葉の香りに包まれて
下：「ねえ、みんな集まって見てごらん！」

はじめに

岡部　翠

「スウェーデンの、『ムッレ』のセミナーを開催してくれませんか？」

ちょうど今から三年前の春、事務所に一本の電話が入りました。この電話の主は高見幸子さん。スウェーデンで発足した環境団体である「国際NGO　ナチュラル・ステップ・ジャパン」（次ページのコラム参照）の日本代表を務めている方です。

スウェーデンに在住して三〇年。現在、彼女は日本とスウェーデンを行き来し、スウェーデンの環境政策における経験を日本に紹介する活動を行っています。未来の子どもたちに豊かな自然環境を受けわたしてゆくことのできる「持続可能な社会」[1]をつくることを目指して、持ち前の性格のまっすぐさと経験から培った鋭い洞察力を生かしながら、環境対策に関する数々の提言を行政や企業に対して行ってきた精力的な女性です。この高見さんからの依頼となれば今回のセミナーも面白いものになるに違いない、と私は直感しました。

そういう私は、スカンジナビア政府観光局[2]に勤務する職員です。スカンジナビア三国（デンマーク・ノルウェー・スウェーデン）は、雄大なフィヨルドや神秘的なオーロラなどが見られる大自然の国々ですが、もう一つの顔として、世界に先駆けて革新的な社会政策を行ってきた福祉の国というのがあります。さらに近年では、各国の進んだ環境政策も世界的に注目されています。それがゆえに今日では、スカンジナビア三国は「福祉大国」、「環境先進国」とまで言われるようになりました。

そのスカンジナビアに魅せられて、現地の社会システムに関する情報をもっと日本へ発信していきたいという思いから政府観光局に勤務して五年がたちます。「スカンジナビア」をキーワードとして、さまざまな人々との出会いがあることにやりがいと充実感を感じてきました。このときも、「ムッレ」という聞きなれない不思議な響きに好奇心を掻き立てられ、すでにこの先に待っているたくさんの出会いと発見への期待に、私は胸を膨らませていました。

高見さんから電話をもらった数日後、事務所に小包が届けられました。荷物を開けてみると、一本のビデオテープが入っていました。さっそく観てみると、スカイパーフェクTVで放映された「サスライ」という

国際NGO　ナチュラル・ステップ・ジャパン

スウェーデンの小児癌の専門医であったカール・ヘンリク＝ロベール博士の提唱によって1989年に発足し、カール16世グスタフ国王の後援のもとに世界的な広がりを見せている環境教育団体である。現在、日本を含める世界11か国に支部をもつ。日本支部では、松下電器産業、積水ハウス、那覇市、白川村などの企業や自治体などで、環境教育やコンサルティングなど数々のプロジェクトを行ってきた。高見幸子氏は、ナチュラル・ステップを日本に紹介した第一人者であり、1999年の日本支部発足以来、代表を務めている。
ホームページ：www.tnsij.org

番組が収録されていました。この「サスライ」という番組は、二〇〇三年一〇月から二〇〇四年三月まで放映されたもので、毎回、リポーターが世界各地で環境保護や人道援助などを行っている人々に会いに行き、その活動を追いかけながら自身の体験や感動を伝えるというものです。

高見さんが送ってきたのは、二〇〇四年三月に放映された「スウェーデン編」でした。そして、そのレポーター役はタレントの吉川めいさん(3)です。彼女は、凍てつく真冬のスウェーデンに降り立ち、持続可能な社会づくりに貢献する人々を訪ねて旅していきます。その行き着いた先が、本書で紹介する「森のムッレ教室」だったのです。

番組は、まず「森のムッレ教室とは何か」という説明からはじまります。

---

(1)　自然が人間の活動によって継続的に汚染されたり、劣化したり、自然循環の機能が壊されたりすることのない、そして貧富の差がなく、世界中の人々の基本的なニーズが満たされている社会のこと。

(2)　デンマーク、ノルウェー、スウェーデンの観光に関する公的プロモーション機関。旅行業界・メディアに対するマーケティングや情報・資料提供、ニュースレターの発行、セミナーやワークショップの開催をはじめ、さまざまなプロモーション活動を行っている。筆者は、そのなかでも、一つの大きなテーマとして福祉や環境などの業務視察の情報提供を行っている。ホームページ：www.visitscandinavia.or.jp

(3)　一九八〇年生まれ。モデル・女優・タレント・ナレーター。モデルの母の影響を受けてデビューする。一九九九年五月から日本テレビ放映の番組「特命リサーチ二〇〇X」や花王のCF「ビオレ・クライミング」など多数に出演している。モデル業を続ける傍ら、ヨガインストラクターとして活躍中である。

いまから一〇〇年以上も前、スウェーデンにおいて「野外生活推進協会」(4)というボランティア団体が発足しました。この協会で事務局をしていたヨスタ・フロム（Gösta Frohm）さんと、協会の支部会長であり、スウェーデンの小学校における自然教育の専門家であったスティーナ・ヨハンソン（Stina Johansson）さんは、約五〇年前に五～六歳の子どもを対象とした自然教育プログラムを開発しました。それが「森のムッレ教室」です。

森のムッレ教室では、雨が降ろうが雪が降ろうが、子どもたちは一日中野外で活動します。そのなかでも一番の特徴となるのが、「ムッレ」という架空の妖精が登場することです。ムッレは、森のなかで守らなければならないルールやエコロジーの法則を楽しくかつわかりやすく教えてくれます。さらに、オリジナルの歌やゲームを楽しみながら、五感をフルに活用して自然を体験していきます。このような環境のなかで子どもたちは自然を好きになり、そして自然への思いやりを育んでゆくのです。「自然から離れてしまった子どもたちを、もう一度自然に近づける」、これが森のムッレ教室が使命としているところです。

「サスライ」の舞台となっているのは、あたり一面が銀世界のスウェーデンです。レポーター役の吉川めいさんは、首都ストックホルムの郊外にある「ムッレボーイ保育園（Mulleborg）」を訪れます。マイナス五度の寒さにもかかわらず、五～六歳の子どもたちが朝早くから外で元気よく駆け回っています。集合時間になると、子どもたちはまず保育園の裏にあるニワトリ小屋に向かいました。日本の保育園や幼稚園でもニワトリやウサギなどの小動物を飼っているところは多く、これ自体はそれほど珍しいことではないでしょう。しかし、驚いたことにここでは、子どもたちはそのニワトリが産んだ卵をおやつとして食べているのです。そして、そのお返しとしてエサをあげているのです。

この毎朝の作業によって、子どもたちは食べ物がどこから来るのか、そして食べ物を得るためには何をしなければならないのかということを自らの体を通して学ぶことができるのです。産みたてのまだ温かい卵を小さな手でそっと持ち運ぶ子どもたちは、きっと命の大切さも学ぶことでしょう。

そして、いよいよ子どもたちは森へと出かけてゆきます。森までの道のりも、すでに子どもたちにとっては冒険そのものです。大きなワニが眠っているといわれている溝を飛び越えたり、妖精の住んでいる岩陰に立ち寄ったり、子どもたちは自らファンタジーの世界をつくり出しながら探検を続けていきます。

着いた先は、森のなかの大きな岩のある自然の基地です。この基地を拠点に、子どもたちは木に登ったり、岩から滑り降りたり、雪に寝転んだりと、思い思いに遊びます。おやつの時間

（4）　一八九二年にスウェーデンで設立された環境団体。スウェーデンでもっとも古い市民団体の一つで、市民の野外生活を促進することを目的としている。現在、スウェーデン全国に約五〇〇の支部があり、合計一万七〇〇〇名のボランティアがその活動を支えている。会員数は一〇万人で、いまなおスウェーデンで最大の市民団体の一つである。

になって、倒れた木の上に並んで腰をかけて温かいお茶とクッキーをいただくと、疲れも寒さもどこかへ飛んでいってしまったかのようです。再び、子どもたちは元気に森のなかを駆け回ります。こうして一年中、一日のほとんどを野外で過ごすのです。

季節によって変化を続ける自然は、インスピレーションの宝庫です。もちろん、そこに遊具はありません。ですから、子どもたちは遊びやファンタジーを自由につくりだすことができるのです。また、自然のなかは遊び場所に制限がなく、何かをするために順番を待つということもないので、自分のペースで思いっきり遊びに集中ができるのです。さらに、さまざまな遊び方の可能性があるので、自らの身体能力に合わせた遊びが可能となります。そのため、一日中野外にいるにもかかわらずケガが少ないのだそうです。それどころか、集中力、想像力、他人への思いやりという面においても子どもの発達を促すことができるのです。

今回の「サスライ」でリポーター役の吉川めいさんが出会った人物は、ムッレ教室の普及に大きな貢献をし、スウェーデンの保育業界に大きな変化をもたらしたキーパーソンであるリンデ夫妻です。旦那さんのマグヌス・リンデ（Magnus Linde）さんは、野外生活推進協会のリディンギョ（Lidingö）支部会長です。そして、奥さんのシーブ・リンデ（Siw Linde）さんは二〇年以上の経験をもつベテランの保育士で、この「ムッレボーイ保育園」を設立した園長でもあります。

「子どもたちを自然に近づけ、慣れ親しませることで、自らが自然の一部であることを感じてもらいたい。そうすれば自然を愛するようになり、愛するものであれば守るようにもなる」

シーブさんは、このような信念からスウェーデンで初めて森のムッレ教室を毎日の正規の活動として保育園に取り入れました。その舞台となったのが、この「ムッレボーイ保育園」なのです。やがて、ムッレボーイ保育園での試みを聞きつけて、多くの人々がその教育方法を学ぼうとここを訪れるようになりました。リンデ夫妻は、訪れる人々に対して、森のムッレ教室を教育現場に取り入れるためのアドバイスを行ってきました。その結果、森のムッレ教室を定期的に開く保育園や、ムッレ教室の理念・教育方法を日常の保育に取り入れた教育、つまり「ムッレ教育」そのものを実践する野外保育園が広がっていったのです。またそれは、保育園だけでなく小学校にまで普及してゆきました。

今日では、一八六園の保育園と一四の小学校で取り入れられており、年間約一万六〇〇〇人の子どもが森のムッレ教室に参加しています。五〇年前に森のムッレ教室が設立されて以来、スウェーデンではこれまでに二〇〇万人以上の子どもたちがムッレに出会ったことになります。スウェーデンの人口が約九〇〇万人ですから、いかにこの数が大きいものであるかということがわかると思います。スウェーデンでこんなにも多くの子どもたちが森のムッレ教室に参加するようになったのは、リンデ夫妻のようなリーダーによる普及活動の結果といえます。現在、全国五〇〇支部に存在するリーダーのもと、ますます活動の輪を広げていっています。

高見さんから依頼された今回のセミナーでは、なんとそのリンデ夫妻がそろって来日し、講演をするというのです。私は、さっそくスウェーデン大使館に電話をして、セミナー会場となる大使館内のホールを予約すると、すぐさまセミナーの準備に取り掛かったのです。

二〇〇四年八月三日にスカンジナビア政府観光局の主催で行われた「福祉・環境先進国スウェーデンに学ぶ野外教育～幼児から始める『ムッレ教室』とは」と題したセミナーは、予想をはるかに上回る大盛況となりました。当初一〇〇人を定員として募集を行いましたが、最終的には超満員となり、補助席まで埋まったほどでした。参加者の顔ぶれはというと、環境団体の職員、保育者（保育園の保育士および幼稚園の教諭）、学校の先生、研究者など、さまざまなジャンルにわたっていました。

このセミナーで司会を務めた私がリンデ夫妻を紹介するためにポディウムに立ったとき、参加者からの熱心な眼差しに身が引き締まる思いをしたことをいまでもよく覚えています。セミナーでは、最初にマグヌスさんからスウェーデン野外生活推進協会の説明をしていただき、続いてシーブさんの講演へと移りました。

「自然のなかで、ふわふわした土の感触を体験したことがありますか？　オタマジャクシを捕まえようとして、池のぬかるみに足がはまったことがありますか？　倒れた木にまたがって、飛行機ごっこをしたことがありますか？」

シーブさんの講演は、まず会場の聴衆にこのように問いかけることからはじまりました。この問いかけによって、多くの人が自分の幼少のころの自然体験を思い出したことでしょう。そして、シーブさんは次のように話を続けました。

「子どもたちが求めているのは知識や情報ではありません。子どもたちは、五感を使った体験を通して全体を把握したいという好奇心でいっぱいです。自然のなかで起こる不思議なこと、奇跡と感じるようなこと、そして、それらの美しさを感じ取る感覚は体験や遊びを通してこそ身に着けられることなのです。たとえば、子どもたちは、地球上の木をすべて切ってしまったらどんなことが起こるかを知っています。木がなくなれば、私たちが必要とする酸素がなくなります。子どもたちは、私たちを含めるすべての生き物

スウェーデン大使館で行われたセミナーの様子
（写真提供：スカンジナビア政府観光局）

が自然に依存していることを体験を通して理解しています。自らの経験で学んだことは忘れません。まだ文字が読めなくても、見たり、聞いたり、感じたりすることで学んでゆくのです。つまり、自然そのものが教科書なのです」

シーブさんは、子どもたちが五感を通して学んだ経験と思い出は一生忘れられないものになると言います。三歳から六歳のときにスケートが滑れるようになれば、仮にスケートをしない期間がしばらくあっても滑れなくなるということはないと言うのです。だからこそ、幼少のころに自然体験をすると、大人になってもずっと自然を愛し、自然を大切にするというライフスタイルを送ることができるようになると言うのです。このことからも、「森のムッレ教室」の役割が非常に重要であるということがおわかりいただけるかと思います。

シーブさんは、講演のなかでムッレボーイ保育園のスライド写真を見せてくれました。森のなかの倒木に一列に並んで行進する子どもたち、大きなアリ塚をみんなで覗き込む姿、虫あみをもって池に入ってゆく子どもたち、彼らの好奇心に溢れた目の輝きがとても印象的でした。

そのなかに、森のなかに生えている「苔」を、五感を通して理解しようとしている五歳くらいの女の子のスライドがありました。彼女は、まず苔の匂いをかいでみます。次に、それを頬に当てて感触を確かめます。そして、その苔を手のひらに乗せてルーペで覗きこんだあと、なんと今度は口に入れて味まで確かめてしまうのです。その苔は土がついたままだったので、ま

さあ探検に出かけよう！　ⒸSiw och Magnus Linde

大きなアリ塚を発見　ⒸSiw och Magnus Linde

るでチョコレートケーキでも食べたかのように口の周りにも土がついてしまっています。けれどもその女の子の表情は、納得したかのように満足げです。

このスライドを見た瞬間、参加者からは笑いと驚きの声が上がりました。いくら自然を体験するといっても、苔をそのまま食べてしまうのには抵抗を感じた人がいたかもしれません。しかし、それを肯定的にとらえているというところにムッレ教育の特徴があるのです。

「子どもたちは、五感のすべてで全体を理解したいという好奇心をもっています。好奇心をもって体験して初めて、子どもは何かを学ぶことができるのです」

講演の冒頭でシーブさんが言った言葉が、その瞬間、私の心に響いてきました。子どもたちが自然のなかで生き生きとのびのびと遊んでいる楽しそうな姿に、会場全体が惹きつけられてしまいました。スライドのなかの子どもたちの表情から、彼らの自然に対する愛情が伝わってきたのです。

リンデ夫妻の講演が終了すると、会場には満場の拍手がわきあがりました。そして、質疑応答の時間には多くの感想と質問が寄せられました。よい講演は多くのよい質問を呼ぶと言いますが、この講演もまた、多くの、そして質の高い質問を喚起したのです。時間の関係もあって、その場ではすべての質問を紹介することができませんでした。そこで私は、アンケート用紙に質問を記入してもらい、後日、ホームページ上でリンド夫妻からの回答を掲載することにしました。

質問の一例を挙げますと、「日本においてムッレ教室はどれだけ普及しているのか?」、「ムッレ教室をはじめるにはどうすればいいのか?」、「保育者にはどのような教育が必要なのか?」、「障害のある子どももいっしょに活動できるのか?」といった、どれも森のムッレ教室を自分たちでも実践してみたいという含みのあるものでした。さらに、アンケートを集計して驚いたのが、なんと八〇パーセントを超える参加者が「今回の公演内容に満足した」と記入してくれたことです。このセミナーの参加者が、前述したように保育者や環境団体の代表などの専門家であったがゆえに、この評価は価値のあるものだと感じました。

森のムッレ教室は、スウェーデンだけでなく、自然から離れてしまった日本の子どもたちにもきっと自然と楽しく親しむ機会をもたらしてくれることでしょう。これだけの反響を呼んだ森のムッレ教室のセミナーを終えた私は、幼い子どもをもつお父さんお母さん、保育園、幼稚園、学校の先生など、もっともっと多くの人に「森のムッレ教室」の素晴らしさを知ってもらい、日本でも森のムッレ教室を広めるきっかけづくりができないかと考えるようになりました。

そんな思いを胸に、後日、私は高見幸子さんに会いに行きました。そして、「日本で森のムッレ教室を実践しているところはないのですか?」と尋ねました。すると、幸子さんのお兄さんである高見豊さんが、兵庫県の市島町(5)で森のムッレ教室の実践と普及活動をやっていると言うのです。市島町に行けば森のムッレ教室をもっとよく知ることができるのではないかと思った私は、さっそく豊さんに連絡をとって、その週末に市島町に出かけることにしたのです。

高見豊さんは、市島町において、スウェーデンの環境団体である「野外生活推進協会」の日本組織を立ち上げ、それ以来会長を務めていらっしゃいます。柔和な笑顔をいつもたたえている豊さんは、周りにいる人々に安心感を与えてくれます。自然や森のことなら何でも知っている豊さんは、市島町の雑木林を歩きながら、木や草花、小さな虫の姿を次々に見せてくれました。

この市島町は、高見幸子さんが兄の高見豊さんとともに生まれ育った故郷でもあります。幸子さんが結婚を機にスウェーデンに移住して、里帰りをした際にこの「森のムッレ教室」を豊さんに紹介したのです。ちょうどそのとき、豊さんは市島町の町おこし事業のメンバーとして活動していました。その優れた教育法を知って、森のムッレ教室こそが日本のこれからの教育だと確信した豊さんは、メンバーに働きかけて、町おこしの事業の一貫として「森のムッレ教室」を実践することにしたのです。

豊さんの家の前にある「鴨庄保育園」は、その実現に大きな貢献をしました。ムッレ教育の理念に賛同して実践に移したのが、当時ここの園長を務めていた西躰通子先生と、保育士の荻野尚子先生でした。そして、一九九〇年、日本で初めてムッレ教室が行われたのです。

これを機に、豊さんは「森のムッレ教室」をさらに全国で普及しようという活動を展開していきました。まず、その活動の基盤をつくるために、スウェーデンの野外生活推進協会の支援を得て、一九九二年七月に「日本野外生活推進協会」を設立したのです。それ以来、この協会を拠点にして、森のムッレ教室を実践する指導者を育成するための講座を数多く開催していくことになりました。私も、後日、森のムッレ教室をより深く理解するためにこの講座に参加しました。

森のムッレ教室を行う指導者の数が全国的に増えてゆくとともに、野外生活推進協会の支部も拡がってゆきました。現在、市島町をはじめとして、篠山市（兵庫県）、小野市（兵庫県）、新潟市、岐阜県、神奈川県、北海道に支部が置かれています。そのほかにも、滋賀県、姫路市（兵庫県）、上田市（長野県）、大町（長野県）、穂高町（長野県）、春日市（愛知県）、鹿児島市、山梨県、東京都、埼玉県でも活動が展開されつつあります。これまでに日本で森のムッレ教室に参加した子どもの数は、延べ二万二五〇〇人に上っています。ちょうど、今年（二〇〇七年）、森のムッレ教室を日本に紹介した「日本野外生活推進協会」が設立一五周年を迎えます。まだまだ少ない人数ですが、豊さんは、「今後も、森のムッレ教室を普及する活動を続けたい」という熱い思いを私に語ってくれました。

森のムッレ教室のことに触れれば触れるほど、子どもたちが自然と触れ合う機会が少なくな

（5）兵庫県の北東部にあり京都府に接する人口約一万五〇〇〇人、総面積七七・一五平方キロメートルの町。中国山脈の東端である丹波高原に位置することから、山林など緑豊かな地域である。二〇〇四年一一月一日に氷上郡の五町と合併して、丹波市の一部となった。

ってきている日本において、とくにこれから求められる教育だということを私は感じました。しかし、それと同時に、まだまだその内容について知らないということも自覚したのです。森のムッレ教室のことを日本に伝えるために何かできないだろうか……と考えていくうちに、スウェーデン、そして日本で森のムッレ教室の実践を行っている人々の活動や彼らの声を紹介して伝えることこそが、日本で森のムッレ教室をより広めてゆくことになるのではないかと感じたのです。

そこで私は、日本で活動をする人々を訪ねながら、歴史、教育方法、現在の活動、そしてこれからの展望を紹介する「森のムッレ教室」をめぐる旅に出ようと思い立ったのです。市島町から東京へと戻る電車のなかで、私はその旅の構想を早くも練りはじめました。

さあ、いよいよムッレの旅へ出発です。まずは、「森のムッレ教室」とは何かということからスタートしたいと思います。本場スウェーデンの森のムッレ教室について日本で一番よく知っている高見幸子さんにバトンをわたして、森のムッレ教室に出会った経緯やスウェーデンで生まれた背景、そしてその教育理念や目標、プログラム内容などについて第1章で語ってもらうことにします。

もくじ

第1章　スウェーデンのムッレ教室とは——その歴史といま　1

第2章 保育におけるムッレ教育の効果
——保育園の比較研究から

第5章　森のムッレ教室を実践する人々——日本での活動と体験記

幼児のための環境教育

——スウェーデンからの贈りもの「森のムッレ教室」

第1章

スウェーデンから来た森のムッレ教室とは

――その歴史といま

1 森のムッレとの出会い

日本野外生活推進協会顧問
高見幸子

私が「森のムッレ」と出会ったきっかけは、まったく偶然のようなものでした。いま思えば、まさかムッレを自分が日本に紹介する第一人者になるとは夢にも思っていませんでした。

そもそも私は、スウェーデンからはるか遠くに離れた兵庫県の丹波山地の懐で育ちました。丹波山地には、ひと昔前の日本ならどこにでも見られるような美しい日本の自然がありました。私は、その自然のなかで一八歳まで過ごしました。結婚を機にスウェーデンに移住したのは、いまから三〇年前のことです。スウェーデンに住みはじめてまず気づいたことは、スウェーデン人は自然と野生動物を愛し、それを大切にする国民だということでした。彼らは平日でも仕事を終えると、近所の湖や森をよく散歩していました。そして、夏にはベリーを摘み、秋にはキノコ狩り、冬にはスキーと自然のなかに出かけては四季の移り変わりを肌で感じ、そのこと自体を楽しみにして日々の生活を送っていました。このことは、丹波の大自然のなかで育った私にとってはスウェーデンを身近に感じるきっかけとなり、とても嬉しかったことを覚えています。

やがて娘が生まれて三歳になると、スウェーデンの保育園[1]に通いはじめることになりました。その保育園では五～六歳児を対象とする野外教育プログラムの「森のムッレ教室」（以下、ムッレ教室）を取り入れていたので、当然、娘も五歳になってムッレ教室をはじめることになっていたのですが、ちょうど五歳になるころに私の仕事の都合で保育園を替えなければならなくなりました。しかし、次の保育園ではムッレ教室を活動の一環として取り入れていなかったのです。

ムッレに出会えないとわかった娘は、たいそうがっかりしました。「どうしてもムッレ教室に行きたい！」とせがむ娘を前にして、「さあ、どうしたものか」、「娘の願いをなんとかかなえてあげたい」という思いとともに、私はムッレ教室を行っている市民団体である「野外生活推進協会」に電話をしたのです。私の希望は、週末にボランティアのリーダーが行っているムッレ教室に娘を入れてもらえないか、ということだったのですが、残念なことに「いま、リーダーが不足しているから無理だ」という返事をもらいました。そして続けて、電話の向こうのスタッフは次のように言ったのです。

「あなたがリーダーになってはいかがですか？　もし、あなたがリーダーになればムッレ教室を開けますよ。そして、当然、あなたの子どもも参加することができます。近々、リーダー養

（1）　当時、スウェーデンの保育園は社会福祉省の管轄で、日本と同様、〇歳から六歳までの保育を行うものだったが、一九九八年に教育・研究・文化省の管轄の幼稚園と合併し、「プレスクール」というものが誕生した。ただし本書では、「プレスクール」を「保育園」、またそこでの保育者を「保育士」と表記すること（五七ページ参照）。

成講座(2)があるので、ぜひ受けに来られてはいかがですか」

さっそく、私はそのリーダーの養成講座を受けることに決めました。当時、私はストックホルムの基礎学校と高校で日本語の教師をしていたのですが、平日の夜に行われていた二回の講義と週末に行われていた二日間にわたる実技が含まれたリーダー養成講座を受けてリーダーの資格を取得したのです。それからというもの、私は春と秋の毎週日曜日に、娘を含む九人の子どもたちとともにムッレの森へと出かけていきました。いま、このムッレとの出会いから二一年がたったのです。

2 森のムッレ教室のはじまり

日本野外生活推進協会顧問
高見幸子

スウェーデン野外生活推進協会とは

次に、「森のムッレ教室」とはいったい何なのかをお話ししていきましょう。まず最初に、ムッレ教室を誕生させた市民団体である「野外生活推進協会」の紹介からはじめたいと思います。

そもそもスウェーデンは、伝統的に国民運動が盛んな国です。すでに一〇〇年ほど前から、多くのボランテイア団体が設立されて活動を行ってきました。そのなかの一つが、一八九二年に設立された野外生活推進協会です。「アクテイブな野外生活を推進することによって国民の健康を促進し、生きる喜びを得ることに貢献する」という目標を掲げて、これまで活動を行ってきました。

実は、設立された当初は「スキー推進協会」と呼ばれていました。寒い冬の真っただなかでもスキーをして、野外の空気に触れることが健康の維持だけでなく青少年の教育にも効果があるということから、ボランティア参加のリーダーを中心として活動をしてきました。そして、現在の「野外生活推進協会」へと名称が変わったのは一九七五年のことです。名称を変えることで、冬だけでなく一年を通して自然のなかでの野外活動を提供して人々の心身の健康に貢献できるのではないか、そしてその時代の流行にあわせようという動きが協会のなかにあったための名称変更です。

これがきっかけとなって、カヌー、ハイキング、登山、自転車、長距離スケート、大人および子どもを対象とするスキー、そしてムッレ教室など、さまざまな野外活動が盛んになってきました。これらすべての活動をサポートしているのが、協会のリーダー養成講座を受講した

（2）　野外生活推進協会が開講する森のムッレ教室のリーダーを養成する講座のこと。詳細は第4章を参照。

スキー教室からはじまった野外生活推進協会
ⒸSiw och Magnus Linde

１年を通して自然のなかで活動する　ⒸSiw och Magnus Linde

ボランティアのリーダーたちです。参加者にとっては、それぞれの活動の「案内人」という重要な役割を果たしています。

現代社会では、大人も子どもも多かれ少なかれストレスを抱えて生活をしています。アメリカの環境心理学者であるレイチェル・カプラン(3)は、自然が人間の再生力を高めることを発見しました。たとえば、自然が負担をかけることなく感覚を刺激することや、自然のなかにいると血圧と筋肉の緊張が数分のうちに正常に戻ることを科学的に証明しています。つまり、自然に出かけることによって心がリラックスして、心身ともに癒されるというわけです。

このような効果が明らかになるにつれ、私たちの日常生活において野外生活が重要だということが理解されてきました。また、少し余談になりますが、近年の欧米社会の問題として肥満という問題があります。これはスウェーデンも例外ではなく、最近では子どもの肥満が社会問題にまでなってきています。これを解消する意味でも、今後ますます協会の活動が重要になっ

（3）（Rachel Kaplan）米国ミシガン大学の環境心理学者。二五年以上にわたって、環境心理学および行動学の分野で先駆的な研究を行ってきた。同じくミシガン大学の環境心理学者であるステフェン・カプラン（Stephen Kaplan）との共著書『*The Experience of Nature, A Psychological Perspective*』（Cambridge University Press, 1989）にて、自然環境が人間の心理状況に与える影響について述べている。ここでの記述は、この本を参照している。

てくるのではないでしょうか。

ボランティアのリーダーが支える地域の自然環境

野外活動をすることがよいことだとわかっていても、一人だと自然のなかに出かけることが面倒で、なかなかそのような機会がつくれないものです。そこで、野外生活推進協会では、先述のとおり、ボランティアで参加するリーダーを自然への案内人とする活動を展開しています。リーダーがいるために、仲間ができて楽しく自然が楽しめるのです。これが、この協会の人気の秘訣となっています。

野外生活推進協会のボランティアのリーダーは、人々を自然のなかに案内するという活動だけでなく、その活動を将来にわたって継続できるように住宅地の近くの自然を保護するための活動も行ってきました。とくに、一九六〇年代から一九七〇年代にかけて、都市化が急激に進んだ時期に盛んに行われました。小さな子どもたちが遊べる自然を住んでいる家の近くに残すことがいかに重要かということが、都市化の波のなかで忘れ去られるようになりはじめた時代です。協会の熱心なリーダーたちは、地域の都市開発の計画を初期の段階から監視することで、子どもたちが安心して遊べる身近な自然環境を守ってきたのです。

私の住んでいるリデインギョ・コミューン（市）にある協会の会長であるマグヌス・リンデさんから、ある話を聞きました。

二〇年ほど前のことですが、森の湿地に産業廃棄物の埋立地を造ることをコミューンが決定し、着工にかかろうとしていたそうです。その計画を知ったムッレ教室のリーダーで市庁舎に勤めていたある女性が、そのことを協会に知らせてくれたそうです。そこでさっそく、当時の協会の会長と役員がコミューン議会議員に働きかけました。つまり、その湿地はムッレ教室で子どもたちがよく自然観察に出かけている場所であること、そして自然の多様性を考えると保護する必要性が非常に高い場所であるため計画を取りやめるように訴えたのです。

するとコミューン議会は、この訴えに理解を示してすぐにその計画を取り下げたということです。それどころか、議会は埋立地になるはずだったその湿地を、今度はム

リーダーは地域の自然の案内人　©Siw och Magnus Linde

ッレ教室の子どもたちが野鳥や水辺の生き物の観察がしやすいようにとビオトープ(4)にすることにしたのです。沼ができあがったとき、当時リーダーだった私も、娘やたくさんのムッレ教室の子どもたちとともに開会式に参加しました。

協会の会員数が一番多かったのは一九八〇年から一九九〇年にかけてで、会員数は一五万人にも上りました。現在、多くのNGOにおいて会員数が減る傾向にあります。今日、野外生活推進協会の会員数も一〇万人ほどになっています。その理由としては、若者たちの間に広がる風潮の変化があります。つまり、社会への参画はしたいが会員組織は古く感じるためにもっと自由なネットワークを好んでいる、ということです。

このような風潮のなかにあって、野外生活推進協会は現在も全国に五〇〇の支部をもっています。たしかに、五万人ほど会員数は減りましたが、それでもまだ一万七〇〇〇人ものリーダーがボランティアで人々を自然のなかに案内しているのです。

自然享受権を守るために

野外生活推進協会が行っている活動は自然体験だけではありません。五〇年前、スウェーデンで大きな社会問題となった「散乱ゴミ」の解決にも貢献しました。

スウェーデンの森に出かけると、日本の自然の状態と大きく違うことに驚きます。日本でよく見られる険しい山々とは違ってスウェーデンの森は平らで、そのうえ木や下草が密集していないのでどこからでも簡単に入っていくことができます。これが理由となって、多くの人々が気軽に森に出かけて散歩をし、野外活動を楽しんでいるのです。しかし、今日スウェーデンのどこの森のなかに行っても、紙、ペットボトル、缶などといった、いわゆる散乱ゴミがまったく落ちていないのです。

スウェーデン人がよく自然のなかを散策する理由は、森に入りやすいということだけではありません。もう一つの理由として、この国には私有地であっても勝手に誰でも入ってよいという権利があるのです。この権利のことを「自然享受権（Allemansrätten）」と呼んでおり、不文律として伝統的に受け継がれてきました。のちに成文化されて、「自然保護法」の第一章では次のように記載されました。

「自然は保護され保全されるべき国の資産であり、自然享受権により、国民全員が利用できるものである」(5)

（4）（Biotop）生物の群集が生息できる空間のこと。植物を植えて有機的に生物群を結びつけた生息空間も「ビオトープ」と呼ばれる。

（5）一九六四年に制定された「自然保護法（Naturvardslag）」は、一九九八年に「環境法典（EnviroCode）」ができてなくなった。ちなみに、環境法典には自然享受権について以下のように記載されている。
「自然享受権を活用するもしくは自然に出かける人は、自然に対して配慮をし、注意をしなければならない」

つまり、この法律は、自然はみんなのもので、誰でも他人の所有の森や土地に入ってもいいですよ、ということを保障しているのです。この権利には、具体的に次のような行為が含まれています。

❶野生の木の実やキノコを採集してよい。
❷天然記念物になっている野生の花以外であれば摘んでもよい。
❸宅地以外なら他人の土地を歩いてもよい。
❹地面に落ちている枯れ枝や小枝を拾ってよい。
❺所有者の船着場を使わなければ湖岸や海岸で泳いでよい。

いくらこれらの権利が保障されているとはいえ、個々人が制限なしに行使すれば自然はあっという間に荒れてしまうことでしょう。そこで、これらの権利と表裏一体となっているのが、自然と土地所有者に配慮しなければならないという責任です。自然享受権は、次の三つの基本的な責任を前提に成り立っているのです。

❶民家に近づかない。
❷土地所有者の経済的な利害（農業や林業など）に配慮する。
❸住民に迷惑をかけることをしない。

そして、具体的に禁止されていることとして次のような行為が挙げられています。

❶自然のなかでゴミを捨てる。
❷低木や木の枝を折る。
❸小鳥の卵を取ったり、巣を壊す。
❹他人の宅地を通る。
❺伐採されたあとの薪を取る。
❻漁獲の許可書なく湖で魚釣りをする。
❼牧場の柵を開けたままにしておく。

自由には、必ず「義務」と「責任」がともないます。野外生活推進協会のリーダーたちは、森に入る際に必ず守らなければならないルールとして、これらのことを大人、子どもを問わず、協会のすべての活動に参加する人たちに指導してきました。そして、自然のなかでこのルールを守ることがいかに大切かということを大人の参加者に教えると同時に、子どもたちの模範となって活動するように促してきたのです。つまり、協会は一〇〇年以上にわたって自然享受権の権利と義務について正しい情報を社会に対して提供してきたのです。そして、この活動の歴史こそが、スウェーデンの森にゴミが落ちていない理由なのです。

もちろん、「自然保護協会(6)」や「キープ・スウェーデン・タイディ協会(7)」などのほかの大きなNGOや行政も、ゴミを捨てないようにキャンペーンを展開してきました。国民の意識が高まったのは、それらの相乗効果と言えるでしょう。しかし、野外生活推進協会がほかの団体と異なる点としては、協会が野外生活の前提条件となる自然享受権をとくに意識して啓発をしてきたことが挙げられます。だからこそ、「自然はみんなのものである」という自然享受権が今日まで続いていると言えます。もし、人々が自然を楽しむ権利だけを主張して義務や責任を忘れてしまっていたとすれば、自然享受権はとっくの昔に消滅していたはずです。

「森のムッレ教室」のアイデアが生まれるまで

それでは、そろそろ「森のムッレ教室」のお話に移りましょう。「森のムッレ教室」が生まれたのは、いまからちょうど半世紀前の一九五七年のことです。一九五〇年代、スウェーデンでは記録的な暖冬が続いていました。当時、子どもを対象とするスキー教室のボランティアのリーダーたちが多くいたのですが、暖冬となっては雪が降らずに活動ができません。協会は、リーダーに何か活動してもらうことはないかと考えました。そこで、当時事務局長をしていたヨスタ・フロムさんが思いついたのが「森のムッレ教室」だったのです。

フロムさんは、自分の二人の子どもを家の近くの森に連れてよく出かけていました。そのため、子どもが森に出かけていって自然について学ぶことの重要性を早くから理解していました。その体験から得た彼のモットーは、「自然を発見すること」、「自然のなかで遊ぶこと」、「自然を大切にすること」でした。そして彼は、「ムッレ」という森の妖精を創りだし、このムッレを中心とする自然教育法を「森のムッレ教室」という子ども向けのプログラムとして確立していったのです。

一九五七年にムッレ教室が発足したとき、これが野外生活推進協会の活動のなかでもっとも成功する部門になるとは誰も考えませんでした。ところが、ムッレは自然保護のシンボルとなり、その楽しい存在が子どもたちにもリーダーたちにも受け入れられて大人気となったのです。

当時は共稼ぎが少なかったため、女性のほとんどが主婦として家庭にいました。そのため、ボランティアのリーダーを募ることはそう難しいことではありませんでした。それぞれのお母さんたちが、自分の子どもといっしょに近所の子どもたちをつれてムッレ教室に出かけていきました。一九六五年には約一万人の子どもたちがムッレ教室に通い、一五年後の一九八〇年に

（6）一九〇九年に設立されたスウェーデン自然保護協会（Svenska Naturskyddsföreningen）は、会員数一七万人、二七四支部をもつスウェーデン最大の自然保護団体である。地域の森林の保護、絶滅危惧種の保護、環境政策の政策提言などの活動を行っているほか、「グッド環境チョイス」と呼ばれる日用品向けのエコラベル認証も行っている。ホームページ：www.snf.se

（7）（Keep Sweden Tidy Foundation）一九六三年にスウェーデン自然保護協会の「キープ・スウェーデン・タイディ」というキャンペーンではじまり、一九八三年に財団となった。キャンペーンや環境教育を通して市民の環境意識を高め、リサイクルを推進し、散乱ゴミをなくすことに力を入れている。

「グッド環境チョイス」

は、なんと一〇万人を超える子どもたちが参加していました。この時期が、ムッレ教室の黄金時代とも言えます。

ムッレ教室がはじまった当初は、まだまだ至る所でゴミが散乱していた時代でした。そのため、活動の一環としてゴミを拾うということも行われていました。一回のムッレ教室でプラスチックの袋がいっぱいになったという話も聞きました。今日では、春のムッレ教室の初日に雪に隠れていたゴミを見つけることがたまにありますが、それ以外は、この二〇年ほど子どもたちがムッレ教室のたびに毎回ゴミ袋を持っていかなければならないということはなくなりました。これは、先にも述べたように、人々への啓発教育の成果と言えるでしょう。

ムッレに扮する創始者ヨスタ・フロムさん　©Siw och Magnus Linde

保育園に取り入れられた森のムッレ教室

やがて時代とともに、ムッレ教室のあり方も変わっていきました。というのも、ムッレ教室への子どもの参加者数が一九八四年ごろから徐々に減っていったのです。それは、女性の社会進出が急増するのにともなって子どもが保育園に通うようになったからです。当然、ボランティアでリーダーとして活動する女性も減っていきました。そこでムッレ教室は、時代に適合する形で保育園の活動のなかに入っていったのです。

保育園が普及しはじめた二〇年前は、一般的に、一日一〇分ほどしか子どもたちを屋外に出さなかったそうです。そんなことでは子どもの健康によくないということで、当時の社会福祉庁（Social Styrelse）は、もっと屋外に子どもたちを出して保育をするようにと指導をしていたそうです。しかし、公立の保育園では、屋外に出たとしても園庭で遊ばせているだけというケースがほとんどでした。

一九八〇年代の半ばごろ、この状況を何とか変革したいと考える保育士が現れました。その保育士こそが、「まえがき」で紹介したシーブ・リンデさんです。シーブさんは、ムッレ教室が子どもの心身の発達にとって重要だと確信していました。それゆえ、毎日ムッレ教室を行える保育園をつくりたいと思ったのです。そして彼女は、一九八五年、志を同じくする同僚であるスサン・ドラーゲ（Sunne Drugge）さんと二人で野外生活推進協会による野外保育園である「ムッレボーイ保育園」を発足させたのです。このとき、野外生活推進協会リディンギョ支部の会長であり、シーブさんの夫であるマグヌス・リンデさんと当時リディンギョ市長も応援をしてくれました。こうしてスウェーデン初となる野外保育園が誕生し、ここでは、子どもたちは一年のほとんどを野外で過ごすことになりました。

ムッレボーイ保育園は、多くの親たちが理想としてきた保育を実現することに成功し、人気が急激に高まっていきました。そして、それと同時にメディアにも取り上げられるようになり、全国各地から視察団が殺到したのです。そこで二人は、自分たちの経験を伝えて、もっと多くの保育園でムッレ教育を保育の主体として取り入れて欲しいと思い、彼らと同じ考えをもつ保育士たちに対して、そのための知識やスキルを教える講座を開くことにしたのです。それからというもの、ムッレ教育を主体とした野外保育園は全国的に急速な広がりを見せていったのです。

現在、野外生活推進協会の活動のなかにおいてもっとも広く普及しているのがムッレ教育を主体とした野外保育園です。先にも少し述べたように、現在、全国に一八六の保育園がムッレ教育を取り入れています。また、二〇〇三年だけでも二二の野外保育園が新たに設立されています。そして、これまでにムッレ教室に参加した子どもは二〇〇万人にも上ります。

広がる野外教育プログラム

ムッレ教室が保育園の活動の一環として定着するようになると、今度はさらに幼少の子どもたちを対象とする教室もしてほしいという声が高まってきました。また、一九八五年ごろに、脳の研究者から三～四歳児における脳の発達が著しいことが発見され、協会の本部でもそのことについて議論を重ねました。そして、協会内の教育研究会によって新たなプログラムが開発されました。それが、三～四歳児を対象とする「森のクニュータナ教室」や一～二歳児を対象とする「森のクノッペン教室」なのです。これまでにもあった小学校の低学年を対象とする「森のストローバレ教室」、同じく高学年を対象とする「森のフリールフサレ教室」、そして「森のムッレ教室」と同じく五～六歳児を対象とした「アルペンスキー教室」、「スケート教室」などとともに、ムッレ教育は想像以上の広がりを示しはじめたのです（**表1**参照）。

これらの野外教室は、どれも次に挙げるような共通の目標をもっています。

❶一年を通して自然に出かける。
❷自然のなかで楽しむ。
❸自然を大切にする。

そして、もう一つこれらの教室で共通していることとして、子どもといっしょに「発見」を

表1　野外生活推進協会の環境教育プログラム

	●**森のクノッペン教室**（1～2歳）1990年開発。 クノッペン（Knoppen）とは「小さい芽」という意味。野外保育園の最年少の子どもが、まず自然に出かけて楽しく快適に過ごすことを学ぶ。
	●**森のクニュータナ教室**（3～4歳）1987年開発。 遊んだり歌ったりする活動を通して身近な自然を体験し、自然のなかで楽しく快適に過ごすことを学ぶ。幼少時に自然と親しむことは心身の発達を促す。テントウムシの「ニッケ」が登場する。
	●**森のムッレ教室**（5～6歳）1957年開発。 五感を使ってさまざまな生き物と触れ合うことで自然感覚を身に着け、生き物は互いに依存しているというエコロジーの基本を学ぶ。架空の妖精「ムッレ」が登場し、子どもたちに自然を大切にすることを教える。
	●**アルペンスキー教室**（5～6歳）1980年代開発。 楽しく遊びながらアルペンスキーを学ぶ。
	●**スケート教室**（5～6歳）1955年開発。 楽しく遊びながらスケートを学ぶ。
	●**森のストローバレ教室**（小学校低学年）1963年開発。 エコロジーについてさらに深く学び、人間が自然の一部であることを理解する。この時期の子どもたちは冒険やスリルを求めるので、真冬のサバイバルキャンプなどをワクワクする体験をしながら自然と人間の関わりを学ぶ。
	●**フリールフサレ教室**（小学校高学年）1970年開発。 人が環境に与える影響を知り、自然を守るために何が必要かを考える。自然保護に対して自分の考えをもち、何ができるかを話しあう。テント張り、炊飯、カヌーなど野外生活に必要なより高度なテクニックを学ぶ。

してくれる大人が必ず付き添うということが挙げられます。

さらに今日、新しく増えているものとして「野外小学校」があります。現在、全国に二二校あります。野外小学校は、「フリースクール」と言われる国の認定を受けた私立小学校で、通常の小学校のカリキュラムに沿って学習が行われています。ここでも野外生活推進協会の教育理念と教育方法が取り入れられており、授業は可能なかぎり野外で行われています。また、学童保育園も併設されており、そこでは「森のストローバレ教室」や「フリールフサレ教室」を導入しています。

3　森のムッレ教室とは——目標と活動

日本野外生活推進協会顧問
高見幸子

幼児からのムッレ体験で自然感覚を身に着ける

沼でオタマジャクシを捕まえたり、ぬるぬるとしたキノコに触ってみたり、野いちごを摘んで食べてみたりと、森のムッレ教室では子どもたちは身近な自然へと入っていき、仲間と歌やゲームを楽しんだりします。こうした遊びを通して、植物や動物のこと、さらにそれらが互いに関連しあいながら共生していることを学んでいきます。さらには、活動を重ねていくことで自然のなかで楽しむ方法、そして自然に配慮すること同時に学びます。

では、なぜ幼児期からムッレ教室を行う必要があるのでしょうか。それは、ムッレ教育が対象とする五～六歳児のときにおける脳の発達がもっとも活発で、好奇心も旺盛だからです。日本では、自然教育あるいは環境教育を小学校五年生からはじめるのが一般的となっています。しかし、その日本においても「三つ子の魂百まで」という諺があるように、小さいときの感動的な思い出は一生忘れないものです。それゆえに、幼児のころから自然の多様性を発見して、そこから感動を覚える体験が重要なのです。幼少期の体験が、一生のライフスタイルを決めるとまで言われているのです。そう考えれば、自然教室をはじめるのに早すぎるということは決してないのです。

幼い子どもたちは、自分の感覚すべてを使って周囲の環境を体験します。味をみて、においをかいで、聞いて、触って、見ることで、さまざまなモノの概念を築いてゆきます。このようなプロセスを経て、ムッレ教室の子どもたちは自然を発見していくことになるのです。

実体験は、幼児に自然感覚を身に着けさせる唯一の方法です。自然の写真を見たり、話を聞いたりするだけでは、子どもに生きた自然を感じさせることはできません。しかし、自然のなかで体験したことを写真で見たり、童話やお話で聞いたりすれば、再確認をしたり考察したりすることができます。

　子どもたちは、自然のなかでさまざまなことを自ら発見をすることで好奇心をもちはじめます。つまり、「どのようにするのだろう?」、「なぜだろう?」と考えるようになるのです。たとえば、「木はどのように大きくなるのだろう?」、「なぜ、鳥は鳴くのだろう?」という疑問がわきあがってくるのです。これらの疑問に対する答えこそが、エコロジーの知識なのです。エコロジーは、自然の共生についての学問です。子どもたちの自然のなかにおける素朴な行為によってエコロジーの考え方が形成され、生き物に対する愛情と責任感が生まれてくるのです。

　子どもたちにとって、自然があふれる野山ほど、遊ぶ道具がいっぱいあるところはほかに存在しません。それどころか、堅苦しい大人ですら自然のなかに入ると子どものころに感じた好奇心や遊び心が呼び戻されるのです。そこには、世代の隔たりも貧富の隔たりもありません。いっしょに遊んで、生き物についての会話を楽しむことができるのです。そして、生物の多様性と美しさに、何度も感嘆の声を上げるのです。そこでは、私たちが愛するものをいっしょに

どうなっているんだろう?
ⒸSiw och Magnus Linde

保護していこうとする意思が芽生えます。自然は、私たちの最大のインスピレーションの源なのです。

森の妖精「ムッレ」とは

さて、「ムッレ」に実際に会ったことのない人には、ムッレが何であるのかを想像することは難しいでしょう。では、ムッレとはいったい何なのでしょうか?

実は、森のムッレとは妖精です。ムッレは、子どもたちの遊びとファンタジーの世界に存在します。ムッレは、子どもとも動物とも会話することができ、森で起きたことを何でも子どもたちに話してくれます。そしてムッレは、生きているものに気を配り、自然のなかにゴミを捨てないようにというメッセージを子どもたちに伝えます。それ以外にもムッレは、子どもたちといっしょに遊んで森のなかで楽しく過ごす方法を教えてくれます。

そもそも「ムッレ(Mulle)」という名前は、スウェーデン語で「土壌」を意味する「Mullen(ムッレン)」から来ています。土は地球上すべての生き物の命の根源であり、人間もまた土とつながっています。ですから、土に対して敬意を払うということは自然保護へとつながるのです。いっしょに生きているほかの生き物や、人間にとってはなくてはならない自然環境への気遣い、これらが「ムッレ」という名前に込められているのです。

日本の人のなかには、「トロル」という森の妖精の名前を聞いたという人がいらっしゃるでしょう。トロルは、スウェーデンの昔話に出てくる森の妖精です。ではなぜ、みんなの知っている「トロル」を使わずに「森のムッレ」という妖精を新しく創りだしたのでしょうか。それは、もともとスウェーデンでは、トロルは醜く怖い妖精として知られていたからです。それに、人間に意地悪をするとも言われてきました。これらは、昔、子どもが勝手に森の奥深くまで入っていって迷子になることを恐れて大人が創りだした話なのです。つまり、森のなかには悪いトロルがいて、子どもをさらっていくと脅かしていたわけです。

このように、トロルには悪いイメージが強いため、自然教室では使うことができませんでした。子どもたちに森に出かけることが楽しいことだという印象をもってもらうためには、みんなといっしょに歌や遊びを楽しんでくれるムッレのようなやさしいイメージの妖精が必要だったのです。こ

自然保護のシンボル「森のムッレ」　　©Eva Rönnblom

れは日本のムッレ教室でも同じで、日本に古くからいる天狗や河童《かっぱ》も、やはりトロルと同じく意地悪で怖いイメージがあります。だから、日本のムッレ教室でも「ムッレ」を使って自然教室が行われているのです。

実際には、ムッレ教室のなかでリーダーがムッレの衣装を着て、子どもたちが遊んでいるところに会いに行きます。また、手人形（パペット）として登場することもありますし、紙芝居に登場することもあります。ムッレを使った想像性の豊かな遊びは、幼い子どもたちにとっては森をとてもスリルのある冒険の場所にしてくれます。自然のなかで生まれ育ったムッレは自然の一部のようなイメージをもっているので、子どもたちにとっては自然のシンボルとなるのです。

また、ムッレを通して子どもたちに語りかけることによって、自然を大切にしてほしいというメッセージを彼らにわかりやすく伝えることができるのです。ですから、ムッレはリーダーにとっては非常に重要な自然教育の助っ人なのです。リーダーや親たちがいくら注意しても聞かないことを、ムッレが言うと子どもたちは大まじめに耳を傾けて、約束をしっかりと守るようになるのです。

それでは以下で、野外生活推進協会が発行する教材から引用要約して、ムッレ誕生の背景と、彼のお友だちを紹介しましょう。

森のムッレ誕生のお話

「森のムッレ」は、ムッレ教室がはじまるずっと前から森に暮らしていました。その昔は、ムッレ教室は必要のないものでした。子どもたちの遊び場はいつも自然のなかだったからです。子どもたちは、夕暮れまで泥んこになって外で遊んでいました。ところが、近年、科学技術の進歩により私たちの生活はすっかり変わってしまいました。最近では、森のなかを一度も歩いたことのない子どもたちが多くいます。そんな状況を、ムッレは黙って見ていられなくなりました。「コリコック！」と、ムッレが子どもたちを呼びます。

ムッレの存在は楽しいものですが、真剣で切実なメッセージが隠されていることも忘れないでください。ムッレは、私たちの前に現れて、土への敬意や気遣いを取り戻し、自然を大切にしようと語りかけます。私たちはいま、自分たちの根源を忘れかけています。ムッレは、「人間も、動物と親戚だということを思い出してください」と言います。そして、カドミウムで体内を汚染されたヘラジカから酸性雨で苦しんでいるミミズまで、彼らの沈黙の訴えを私たちに伝えてくれるのです。

では、そんなムッレが誕生したときのお話に耳を傾けてください。

あるとても気持ちのよい日でした。太陽が輝き、木の葉がさわやかに風の音楽を奏でていました。そのとき、突然、木のてっぺんが地面につくのではないかと思うほどの強い風が吹きました。そして、突然、かみなり雲が空に現れました。

かみなりが鳴ると森にこだまして、急に激しい雨が降りつけてきました。湖の波は高く荒れ、白い波が岸辺に激しく打ち寄せていました。森のなかが大きく揺さぶられ、草に上っていたテントウムシは風で振り落とされそうになりました。

森が大きく揺れ動いたちょうどそのときです。森のムッレが誕生しました。

森のなかから「こんにちは、コリコック」という声が聞こえてきました。すると雨は止み、雨雲も消え去り、太陽がまた顔をのぞかせました。「こんにちは、コリコック」と、苔に横たわっていた小さい生き物はこたえました。「こんにちは、コリコック」と、また聞こえました。その声の主は、なんと、ふさふさの髪の毛をした小さい男の子だったのです。そうです！　彼が森のムッレなのです！

彼の呼び声は森中に響きわたり、遠い山から「こんにちは、コリコック」とこだまが返ってきました。森にいる動物、空を飛ぶ小鳥、湖を泳ぐ魚はみんな一瞬止まって耳をそばだてました。森のムッレの誕生は、風にようにすぐに森中に知れわたりました。森の動物たちは、呼び声の持ち主を一目見ようとムッレを見にやって来ました。

ところが、ムッレは裸ではありませんか！　そこで森の動物たちは、さっそくムッレの服をつくりはじめました。小鳥は木の葉を集め、クモは糸をつむぎ、アリは針にする松葉を集めました。シャクトリムシがムッレの寸法を測ると、湖のアメンボウがみんなで服を縫い上げました。みんなのおかげで、ムッレは柔らかい苔のような緑色の服を身に着けることができました。

ムッレは、森をきれいにするために、ホウキのように掃くことのできるシッポが欲しいと思いました。そこで、森のネズミは木の根をかじると、すてきな房のついたシッポをつくりました。しかし、困ったことにズボンに穴がないのでシッポがつけられません。それを見たハサミムシが、ズボンのうしろに丸い穴を開けてくれました。ムッレは大喜びです。自慢げに水面に映る自分の姿をながめました。

少し歩くと、道に白樺の樹皮がはがれて落ちていました。ムッレは、それを拾って帽子をつくりました。すると、大きな鳥がムッレを見にやって来ました。空を飛んでいる間に、抜けた羽根が一枚、空から落ちてきました。ムッレはそれを受け止めようとしましたが、水たまりに落ちて羽根が汚れてしまいました。ムッレは、その羽根

©Eva Rönnblom

の汚れをコケモモの実の枝で拭くと、コケモモの実がつぶれて羽根が赤い色に染まりました。

「これで羽根がもっときれいになったよ!」と、ムッレが言いました。赤い羽根と白樺の帽子は本当によく似合います。ムッレは森を歩きはじめましたが、裸足なので松葉が足にささってチクチクと痛みました。

森はずれの小さい丘の上にある人家に、二人の心優しい子どもが住んでいました。ステーンという男の子と、アンナという女の子です。ステーンとアンナもまた、「こんにちは、コリコック」という呼び声を聞きました。そして、その声の主が誰なのかを見るためにそっと森のなかに入っていきました。

二人は、ムッレを見つけてびっくりしました。長い間、呆然とムッレを眺めていましたが、アンナがムッレが裸足でいるのを見て「ステーン、あなたの皮の靴をムッレにあげましょうよ。足にトゲがささってかわいそうだもの」と言いました。ステーンは急いで家に靴を取りに帰り、ムッレにあげました。これで、森のムッレは完璧な装いになりました。

さあ、これからムッレは喜んであなたたちを森に案内し、自然で起きるさまざまなことを話してくれたり、自然を大切にしなければならないことを教えてくれますよ。

おしまい

森のムッレのお友だち

森のムッレには、手助けをしてくれる楽しい友だちがいます。彼らは、ムッレとともに、子どもたちに自然を大切にするメッセージを伝えてくれます。

◆高山の妖精「フィエルフィーナ（Fjällfina）」

森のムッレ教室が終わって夏になると、ムッレは高い山にフィエルフィーナに会いに行きます。「ヴィンデヴィール」が彼女の呼び声です。風にその声が乗って遠くの谷間にこだまします。ムッレは、人間の捨てたゴミや有害物や排気ガスや騒音のために、大変な毎日を森で過ごしてきましたので、静かできれいな高山に来てホッとしています。夏の間、ムッレは、高山でフィエルフィーナの仕事の手伝いをします。ムッレとフィエルフィーナは、夏休みに高山に遊びに来る子どもたちといっしょに高原を散策したり、魚を釣ったり、高山の自然の美しさを子どもたちに伝えます。

◆水の妖精「ラクセ（Laxe）」

ムッレとフィエルフィーナが、海や川や湖が汚れないように、子どもたちといっしょに見守ってくれる水の妖精を探していたところ、水の妖精ラクセに会いました。ラクセの呼び声は、「ブッベリオー」です。それはまるで、水のなかからブクブクと水の泡が浮くような音です。ラクセは海で生まれました。ラックス（スウェーデン語・鮭）ととても仲が良いので、ラクセという名前をつけてもらいました。ラクセは、ムッレの手助けをして、川や海や湖のゴミを拾ってきれいにする仕事をしています。

◆宇宙から来た「ノーヴァ（Nova）」

森のムッレには、宇宙にも友だちがいます。彼の名をノーヴァと言います。呼び声は「コスモホイ」です。ノーヴァは、地球と双子の惑星から来たのですが、その惑星は、環境が汚染されていないとてもきれいな星です。ノーヴァは、ムッレ教室の子どもたちを自分の宇宙船に乗せてその星に連れていってくれます。子どもたちは帰ってきて、大人といっしょに地球をノーヴァ

の星と同じようにきれいにするように頑張ります。

森のムッレやそのほかの妖精は、先に挙げたクニュータナ教室やストローバレ教室などのほかの教室では登場しません。では、どうして五～六歳児を対象としたムッレ教室だけにムッレは登場するのでしょうか。先程も述べたように、この年齢がもっとも想像力が豊かになる年齢だからです。この年齢の子どもたちはファンタジーの世界と現実の世界を自由に行き来できますが、この年齢より幼い子どもたちはムッレを怖がってしまって同じ効果を得ることができないのです。

想像することとドラマ教育は、子どもの成長期にとってとても大切なものです。想像する機会が多ければ多いほど想像力は発達するのです。五〇年も続いてきたムッレ教室のなかで、これまでにどれほどの想像力あふれる会話がリーダーと子どもたちの間でなされてきたことでしょう。サンタクロースと同じように、その存在を信じてワクワクする感情がファンタジーの世界をより楽しいものにしてくれるのです。

森のムッレ教室の一日

では、実際に森のムッレ教室がスウェーデンでどのように行われているかを少しのぞいてみましょう。

まず、森に出かける準備からはじまります。ムッレ教室では雨が降っても雪が降っても野外に出かけていきますので、この準備段階はとても大切なものとなります。スウェーデンでは、「悪い天気はない、悪いのは服装だ」とよく言います。私たちが天候にあった服装さえすれば、一年中、どんな天候でも快適に自然に出かけることができるのです（もちろん、嵐、雷雨、吹雪を除いてですが）。ですから、子どもの服装やリーダーの事前の準備はとても重要となるのです。

リーダーも子どもたちも、気候にあわせた服を一枚着るよりも、着脱することで体温の調節ができるように薄い服を何枚も着ます。そして、長ズボンに長靴といういでたちで出かけていきます。もちろん、着替え用の服や雨具も用意してリュックサックに入れますが、

どんな天候にも対応できる服装　©Siw och Magnus Linde

そのなかには、お弁当、水筒、おやつ、そして観察用のルーペ（虫めがね）も入っています。また、リーダーは、そのほかにも包帯や消毒液などの応急手当をする道具や野外食をつくるための材料や調理具も用意します。そして、忘れてはならないのが、植物や動物などの図鑑や本です。

リュックに必要なものを入れる作業は、子どもたちが自分でできるように訓練をして覚えていきます。幼いころから自分の持ち物や服装の管理ができるようになれば、大人になってからも一年を通して野外活動を楽しむうえにおいて困りませんし、日常生活のなかにおいても十分役に立つことかと思います。

さあ、森のムッレ教室のスタートです。私たちも集合場所に行ってみましょう。

集合場所に集まった子どもたちは、いっし

みんなで雪のなかで食べるお弁当　©Siw och Magnus Linde

ょに森に向かって出かけます。森のなかには、ムッレ教室の活動拠点となる小さな小屋があります。その小屋に行くまでの道のりで、何度も立ち止まっては、森のなかで起きる出来事やさまざまな生き物の観察をします。刻々と変化する自然のなかでは、毎回、新しくてスリルあふれる発見が待っているのです。

小屋に着くと、みんなが待ちに待ったお弁当の時間となります。野外でみんなといっしょに食べるお弁当は、子どもたちにとってもっとも楽しいひとときです。この日は、お弁当を食べ終わってから大きなアリ塚のところまで歩いていきました。そこで、アリが出すにおいをかいでみたり、巣まで何を運んできるのかを観察してまた小屋に戻りました。それから、みんなと遊んだり歌を歌ったりして楽しいひとときを過ごします。気がつくと、もう帰りの時間になっていました。

安全への配慮

このように、ムッレ教室では一日中を野外で過ごすことになるわけですが、これについてよく日本で受ける質問は、どのようにしてケガや事故を回避して、子どもの安全を確保しているのかというものです。自然のなかでの体験が重要だといっても、絶対に無防備な冒険はしません。そのため、野外生活推進協会では、「森のムッレ教室のリーダー養成講座」（第4章参照）のなかでリーダーが危険を回避するために準備をしっかりとするように教えています。事前に必ず下見をして、当日には子どもの服装のチェックまでします。そして、出かける前には必ずその日の予定や注意点を子どもたちに伝えます。たとえば、雨が降ったあとは石の表面が滑りやすくなるので気をつけて歩くようになど、心の準備を促すわけです。

ムッレ教室のグループの人数は、八～九人ぐらいがもっとも適しています。そして、各グループには二人のリーダーを配置するようにします。仮に何か事故があった場合でも、一人はグループのところに残れるからです。ですから、ボランティアで週末に教室を開くときには、リーダーの人数にあわせて募集をしなければなりません。

また、ムッレ教室では毎日同じ場所で遊ぶようにしています。そして、子どもが木

森のなかでのルールを守って楽しく遊ぶ　©Siw och Magnus Linde

登りをする際には大人が手を貸さない、棒を持って歩かせない、リーダーの目の届く範囲内で遊ぶなどのルールを設けています。自然のなかで自由に遊ぶにしても、安全を考慮したルールが必ずあるのです。ルールがあってこその自由なのです。

ケガや事故はできるだけ未然に防がなければなりませんが、万が一のときの対策も用意しています。リーダー養成講座では、事故が発生した場合の応急手当やリーダーの心得などの指導を行っていますし、協会へ会費を納めることによって自動的に保険に加入するようにもなっています。もちろん、リーダー自身も保険に入っています。

しかし、実際にムッレ教室でのケガや事故はめったにありません。先に紹介した野外保育園の「ムッレボーイ保育園」では、二二年間にわたって一年中自然のなかで遊ぶという活動をしてきたのですが、手足を骨折したという大きな事故はこれまでにわずか二件だけでした。

子どもたちは、自らの限界をよく知っています。ですから、自分の身に危険が及ぶようなことはしないのです。自然のなかには、それぞれの子どもにあったチャレンジできる場所があり、少しずつ自分のペースで体力を鍛えて難しいところにチャレンジをしていきます。それゆえに、ケガや事故が少ないのです。むしろ、個々のレベルにあわせることのできない遊園地などの遊具のほうが、ムッレ教室よりもはるかにケガや事故の件数が多いのです。

4 森のムッレ教室とは——理論と実践

日本野外生活推進協会顧問
高見幸子

年齢にあわせた教育プログラム

森のムッレ教室が優れている点は、その教育プログラムが自然科学に基づいていること、そして野外生活推進協会による一貫した哲学、理論、実践のすべてが揃っていることです。言うまでもなく、エコロジーや自然の知識は自然科学を根拠としたものですし、ここで行っている教育の理論は、協会が長年にわたって幼児への野外教室の体験において築き上げてきたものです。そして、五〇年にも及ぶ自然と野外教育の経験から培ってきた実践マニュアルまでが用意されています。リーダーになりたい人は、二日間のリーダー養成講座を受講して最低限必要とされる知識を得てから実体験をします（第4章参照）。

環境教育とは、環境問題の知識を教えることだけではありません。当然、環境教育にもそれぞれの段階があります。たとえば、環境の知識を得る前の段階として、その知識を理解するための能力をつけなければなりません。それが、**図1**の「自然の階段」の最初の三段です。昔の農業社会では、この段階は大人の農作業を手伝いながら身に着けることができましたが、現代社会ではそのチャンスが極端に少なくなっています。

もちろん、階段をいっきに数段上るのは大変です。ですから、子どもの心身の発達にあわせて「自然の階段」を一段ずつ上ることが望ましいのです。ちなみに、「森のクノッペン教室」(一～二歳児)と「森のクニュータナ教室」(三～四歳児)は最初の一～二段階となります(二二ページの**表1**参照)。ここでは、野外で快適に過ごせる服装を準備し、おやつやお弁当を持って楽しく森を散策できる能力を身に着けます。安心して森に出かけることができるようになってくると、今度は身の周りのものに興味を示して観察するようになります。

そして、三段目のムッレ教室の年齢になると、エコロジーを理解することができるようになります。そうなって初めて、自然環境で起こるさまざまな出来事についての知識を吸収することができるのです。また、次の段階において大切なことは、自然保護に対して自分の意見をもつということです。自分の意見がなければどんな行動にも結びつきません。ですから、この段階はとても重要となります。

私の手元には、子どもがどのような段階を踏み、自分の周りの環境を調べていくのかを研究したデンマークの研究レポートである「これ見て！　子どもの注目についての本」(8)があります。それには、以下のように記されていました。

第一段階は自然の多様性の発見です。子どもたちは、「わあ、これ見て！　これ何！」という叫び声をよく上げるでしょう。この段階では、大人はいっしょに体験をし、いっしょに発見

図1　「自然の階段」子どもの発達にあったプログラム

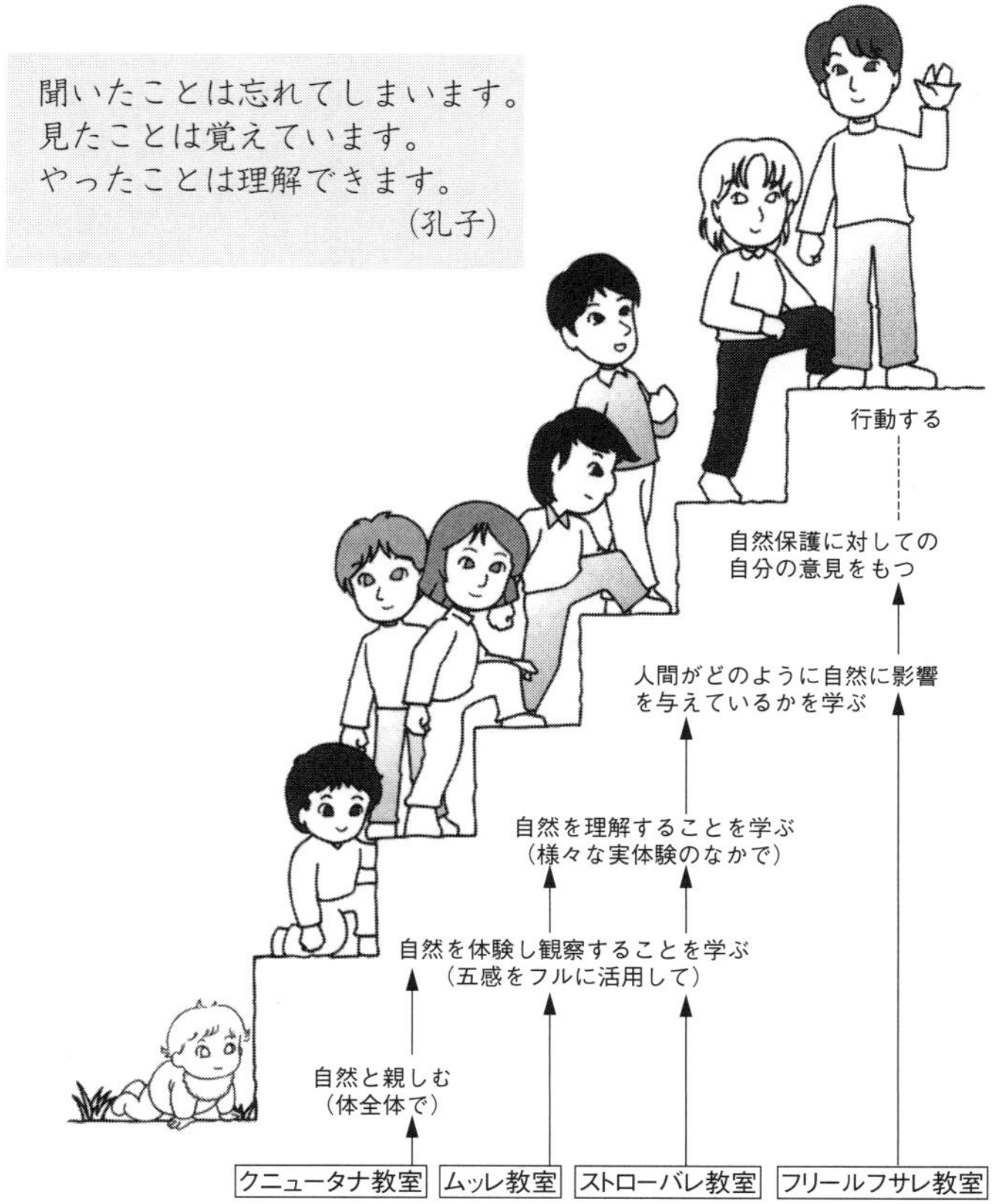
聞いたことは忘れてしまいます。
見たことは覚えています。
やったことは理解できます。
（孔子）
行動する
自然保護に対しての
自分の意見をもつ
人間がどのように自然に影響
を与えているかを学ぶ
自然を理解することを学ぶ
（様々な実体験のなかで）
自然を体験し観察することを学ぶ
（五感をフルに活用して）
自然と親しむ
（体全体で）
クニュータナ教室
ムッレ教室
ストローバレ教室
フリールフサレ教室

をする手伝いをするだけでいいのです。しばらくすれば次の段階に入ります。

第二段階は調べる段階です。「あっ動いた！　毛が生えている！　食べている！　あっ噛んだ！」のような叫び声が聞こえてきます。子どもが「こうしたらどうなるだろう……」と考えている様子がよくわかります。ここでも、大人はいっしょに調べるだけでいいのです。子どもが邪魔をされないで調べ続けることができれば、次の第三段階に入ります。

第三段階は考える段階です。「どうして噛むの？　何を食べるの？」と、大人に向かっていろいろな質問をはじめます。ここで初めて、大人からの情報や知識の伝達を受けられるようになります。けれども、子どもは大人に専門的な知識は要求してきません。子どもが大人に対して一番望んでいることは、いっしょに考えたり答えを探したりする相棒でいてくれることです。子どもたちは大人に対して、いっしょに行動してくれることを要求しているのです。

自然のなかで概念を築く

子どもたちは、身の周りの複雑な環境のなかで何が起きているのかを知るために大人の力を必要としています。子どもたちには、手本となる大人が必要なのです。その大人は、子どもといっしょに好奇心をもって行動してくれる人で、話しあいができる人です。大人の言葉は、子どもの概念を築くうえにおいてとても重要となるのです。

また子どもたちは、もっとも身近な環境のなかでいろいろなモノや現象、そして出来事の経過を理解していきます。それらの概念を自然のなかで築けるということは大変価値のあることです。なぜなら、自然のなかでこそ、「自然のなかのさまざまな出来事には関連がある」ということが自然科学的に理解できるからです。

たとえば、「石」の概念をどのように理解するかを例に挙げてみましょう。子どもたちは、手でつかみながらすべての感覚を通して「石」を把握していきます。そして、「石」の概念をさらに広げてゆくために、次のような方法を試してみるかもしれません。

❶**全感覚で体験する**——とがった、なめら

（8）Ulla Fischer/Bernt Leicht Madsen “TITTA HÄR! En bok om barns uppmärksanhet” Liber, 1985.

まずは自分で発見することから　©Siw och Magnus Linde

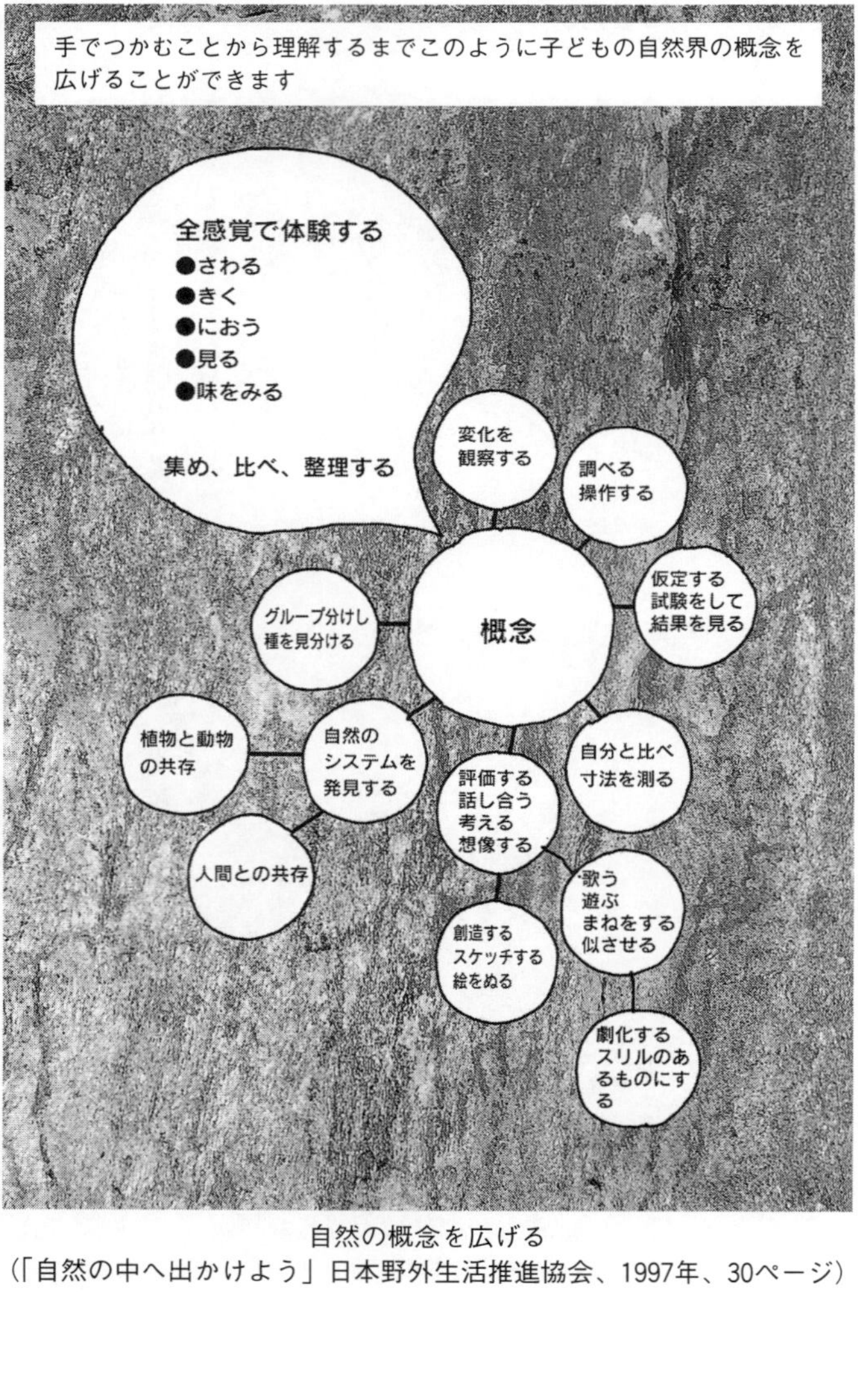

自然の概念を広げる
（「自然の中へ出かけよう」日本野外生活推進協会、1997年、30ページ）

かな、冷たい、濡れた石など、触った感じを調べる。また、斑点がある石、しま模様がある石、一色の石など、外見とか大きさを見る。石と石をこすってにおいをかいだり、石同士をぶつけて音の確認をする。

❷**集め、比べ、分類する**――石の大きさ、形、色によって分類したり、大きさで分類する。一番角がとがっている石、一番丸くなっている石などを集めたり、同じ色の石で大きさの違う石を集めたりする。

❸**変化を観察する**――氷の力でひびが入ったり、石に地衣や苔が生えることがある。また、水の力で削られたりして形が変わる様子を観察する。

❹**動かして調べてみる**――石の下に何が棲んでいるかを見たり、どれぐらい深いところまで石があるのかを調べる。

❺**想定する、実験する、試してみる**――石が割れるか試してみる。小さい石は水に浮くのか実験してみる。また、石は成長するかを試してみる。

❻**自分の体と比べて測る**――岩に何人座ることができるか推測する。そして、実際に座ってみる。何人でその岩の周りを囲むことができるのかを測ったり、逆に手で握れるほどの小さい石を探す。

❼**話しあう、評価する**――石は美しいかどうか、その石のなかに金が含まれているかどうか、石は何の役に立っているのか、石の上に何か生えることができるか、石の下に何か生き物が

棲めるのか、人間は石を何に使ってきたのかなどを話しあう。

❽考える、想像する、劇化する——私たちが来る前に、どんな動物がこの石の上に座っていたのだろうかと想像してみる。石で動物をつくって、昔話を劇にしてみよう。

❾生態系のシステムを発見する——岩盤や石の多いところには松の木が生えている。石塚にはイタチやキツネが好んで棲んでいるし、石の上には地衣や苔類が生えている。

❿種類を判定する——片麻岩《へんまがん》はしま模様で、花崗岩《かこうがん》には斑点があるなど種類を調べる。

ムッレ教室を何回も重ねることによって子どもたちがこれらのすべてのことを体験

いろんな石を探してみよう　©Siw och Magnus Linde

できれば、その子どもは「石」について大変広い概念を得られたことになります。あるとき、その子どもが「石」という言葉を耳にしたら、ただ敷石を思い浮かべるのではなく、たくさんの体験から得た石のあらゆることを思い描くことができるようになるのです。

子どもとエコロジー

三〇年前、ムッレ教室の創始者の一人であるスティーナさんが、学校の自然教育の教科書で「エコロジー」という言葉を使ったところ、出版社からその言葉は難しすぎるので省いてほしいと言われたそうです。しかし、彼女は、この複雑で理解が難しいことを「難しいから教えないのではなく、小さい子どもにもわかりやすく教えることが大切だ」と言って出版社を説得しました。そして、どのようにすれば子どもが「エコロジー」を理解できるかを考えたのです。

たとえば、地球上の生命にとってもっとも重要な植物の光合成のことを、彼女は「木の葉を台所にして料理をするコックさん」と説明しました。そして、そのコックさんの名前は「葉緑素」だと教えたのです。こうすれば、五歳の子どもも理解することができます。かつて、私がムッレボーイ保育園でムッレ教室に参加したとき、次のようなほほえましい会話も聞きました。

先　生――秋になると、どうして木の葉が紅葉するのかしら？
子ども――葉緑素さんが木の幹に引っ越しをするから。

たしかに、その通りなのです。冬になると、土が凍って水を吸収しにくくなるので光合成ができなくなります。それで、日照時間が短くなって気温が下がる秋には、木は葉に送りこんでいた葉緑素を幹に戻して春に備えるのです。すると、緑色が消え、木の葉が本来もっている色が表面に出てくるのです。難しいからといって教えないのではなく、小さい子どもが理解できるように教えることが「森のムッレ教室」の基盤となる考え方です。

また、ムッレ教室は、理論だけでなく体験を通してエコロジーを理解するための活動方法や歌、遊び、ゲームなども開発してきました。これらの活動は、ムッレ教室のなかで大切な要素となっているものです。いっしょに遊んで歌うことで仲間意識が生まれますし、遊ぶことは子どもたちの運動のニーズを満たしてくれます。

ムッレ教室の遊びとゲームは、聴覚、触覚、嗅覚、視覚、味覚などすべての感覚を鍛えるものから、動物になったつもりで遊んだり、活発に走り回って体を動かすゲームに至るまで実に多岐にわたります。リーダーは、テーマや場所にあわせてこれらの遊びやゲームをムッレ教室のなかで使います。そのため、リーダー養成講座においても、この遊びとゲームを学ぶことがカリキュラムのなかでもっとも重要な部分となっています。

ムッレ教室の特徴は、具体的にどのような遊びをすれば楽しくかつ教育的なものになるのかがよく考えられていることです。たとえば、それぞれの子どもが自然のものを一つ拾ってくるというゲームがあります。このゲームの意図は、子ども一人ひとりが自ら体験することで、自

光合成のしくみ（「自然の循環」日本野外生活推進協会、2002年、16ページ）

分のものとして自然を理解することにあります。「自然を理解しましょう」、「大切にしましょう」と言うだけでなく、そのための理論と実践がプログラムとして組まれているのです。

子どもにわかりやすく伝えるためには、リーダーがエコロジーをよく理解していることが必要です。そして、子どもにわかりやすく教えるために書かれていることは大人にとってもわかりやすいということです。事実、私もリーダー養成講座とその教材から多くのことを学びました。

ムッレと学ぶ自然の循環　©Eva Rönnblom
「自然の循環」（日本野外生活推進協会、2002年、4ページ）

第2章

保育園におけるムッレ教育の効果

—保育園の比較研究から

©Siw och Magnus Linde

「森と湖の国」と言われるスウェーデンは、緑豊かな自然いっぱいの国です。都会のなかであっても所々に公園や森があり、白樺や針葉樹の木々が生い茂っています。その森のなかをのぞくと、ゴツゴツとした岩がいくつも横たわっているのですが、どれも青々とした柔らかい苔に覆われていて、動物や私たち人間をやさしく迎え入れてくれます。

「スウェーデン人と森の関係は恋愛関係のようなもの」と、あるスウェーデン人から聞いたことがあります。考え事をしたいとき、悩みやストレスを抱えているとき、何か楽しいことがあったとき、スウェーデン人は森のなかへ一人で入って、自分の心のなかを見つめたり、心を落ち着かせたりするというのです。人々にとって、森は親友であり恋人でもあるのです。そんなすてきな森を、子どもたちに引き継いでもらいたいというスウェーデン人の思いこそが「森のムッレ教室」を生んだのでしょう。

もちろん、私たち日本人にも、春の花見や秋のお月見といったことをはじめとして、四季折々の自然を楽しむ習慣と文化がスウェーデン人と同じようにあります。日本の温暖な気候は、多くの生き物たちの故郷でもあります。そして、そのなかで生活する私たちのなかにも、美しい景色や草花を見ると日常の心配事や不安から解放されて心が安らいだり、森林のきれいな空気を吸うことで緊張が和らいで生きる活力が得られたりといったような経験をした方も多いことでしょう。

このようにポジティブな効果をもたらす自然との触れ合いを、早くも五～六歳という幼いころからしていたらどんなに素晴らしいだろうと思い描いたとき、私は「森のムッレ教室」がいかに優れた教育方法であるかということを改めて実感しました。今日、スウェーデンで、多くの保育園や小学校にムッレ教育が取り入れられたことは、野外教室の効果が多くの人々に認められてきたという何よりの証拠となるのです。

では、具体的にムッレ教室は子どもたちの成長にどのような効果をもたらすのでしょうか。この点について高見幸子さんに質問したところ、スウェーデンの科学者によって興味深い研究が行われたということでした。それは、野外保育園と通常の保育園を比較するというもので、その研究の結果、野外教室の驚くべき効果が確認されたようです。

本章では、高見幸子さんにその研究とムッレ教室の効果について語ってもらいます。

日本野外生活推進協会顧問
高見幸子

1　二つの保育園を比較する研究

スウェーデンの保育事情

保育園の比較研究をよりよく理解するために、まずスウェーデン人の家庭や保育の一般的な状況についてお話しておきましょう。

スウェーデンでは、多くの女性がさまざまな職業をもち、男性と同じように社会で活躍しています。現在、スウェーデンにいる二〇～六四歳の女性のうち八〇パーセントの人が働いています（二〇〇五年統計）。国際的に比較すると、スウェーデンは世界でもっとも女性が働いている国の一つであり、「専業主婦」という言葉は今日のスウェーデンにはもはや存在しません。

その背景としては、一九七〇年代の好景気において国内の労働力が不足したために、国家の政策として女性の労働力を取り入れようとする動きがありました。その政策を具体的に言えば、これまで女性の役割とされてきた子育てや高齢者に対する介護を、保育施設や高齢者施設を整えて社会全体で支えていこうというものです。これにより、女性が職業と家庭を無理なく両立することができるようになったのです。

このような政策はまた、女性の社会進出によって引き起こされるであろう出生率の低下を食い止めることにもつながりました。スウェーデンの出生率は一九九〇年代の後半には一・五まで下がりましたが、二〇〇四年には一・七五と回復し、今後、一・八五で安定するだろうと予測されています。ちなみに、日本は二〇〇五年に一・二五と過去最低を記録し、先進国のなかでももっとも出生率の低い国の一つとなっています。

具体的な児童福祉の例としては、まず育児休暇が挙げられます。現在、育児休暇は四八〇日で、給料の八〇パーセントが支給されます。この育児休暇は、基本的には母親もしくは父親のどちらが取ってもいいのですが、四八〇日のうち六〇日ずつだけは両方が取らなければならず、お互いに譲ることができないようになっています。つまり、父親が六〇日の育児休暇を取らなければそれは無効になってしまうというわけです。

この制度が導入されることによって父親の育児休暇の取得率が著しく向上し、男性の家事への参加が促進されました。ちなみに、母親と父親のどちらがとってもよい育児休暇である四八〇日を一〇〇とすると、男性が取得する日数の割合は、一九七四年の段階で〇・五パーセント、一九九六年は一〇・六パーセント、二〇〇六年は二〇・六パーセント（約九九日）となっていました。現在、政府が目標としているのは、二〇二三年に女性六〇パーセント、男性四〇パーセント、そして二〇三一年には、男女それぞれが五〇パーセントの育児休暇をとれるようになることです。

また、多くの家庭が共働きであるスウェーデンでは保育園の利用率が高く、今日、一～六歳までの子どもの八三パーセントが公立の保育園に通っています。保育園の受け入れ体制も充実しており、とくに自治体は、住民が希望した日から三か月以内に入園できることを保証しています。必要とするときに、いつでも誰もが保育園を利用できるような体制になっているのです。ですから、日本のように何か月も待ってからでないと入園できないという「待機児童」はスウェーデンには存在しないのです。

さらに、利用者の利便性と保育環境の改善を図るために、政府による保育制度の改革が行われました。かつては、日本のように子どもの年齢によって保育園（Daghem）と幼稚園

（Lekslola）に分かれていました。しかし、女性が仕事をもつようになって「専業主婦」の数が少なくなったために、母親が家庭にいる場合に利用されていた四～五歳児を対象にした幼稚園の需要が激減しました。そして逆に、子どもが幼いときから母親が働くようになったため、多くの子どもたちは〇歳から利用できる保育園に行くようになったのです。

そこで、一九九八年に保育園と幼稚園が合体して「プレスクール（Förskola）」というものが誕生しました。これまで、保育園を管轄していたのは社会福祉省（Socialdepartementet）でしたが、この改革にともなってプレスクールは幼稚園が管轄下にあった教育・研究・文化省（Ministry of Education, Research and Culture、日本の文部科学省にあたる）の管轄となりました。この改革の主な理由は、プレスクールを保育施設という保護者のニーズに基づいたものとするのではなく、子どものニーズを中心にした施設にするためのものでした。そのため、プレスクールには教育的な目的をもつカリキュラムも導入されることになり、社会における保育施設のステータスを上げるきっかけともなりました。

このように、一九七〇年代から一九九〇年代にかけて、時代の流れにあわせて保育の事情は大きく変化しました。とくに、女性の社会進出とともに保育施設の重要性は日に日に高まり、社会の大きな関心事となっていったのです。

野外保育園の園庭の特徴

　野外保育園は、このような時代の流れのなかで生まれました。第1章でも紹介した野外保育園の創立者であるシーブ・リンデさんが、主婦から保育士になって保育園で仕事をするようになったのは一九八〇年代の初めのころでした。それはちょうど、先述したように保育施設に対する需要が急速に高まり、その重要性が社会のなかで認識されつつある時期だったのです。そして、保育施設の利用者が増えるにつれ、質の高い保育サービスを求めて、保育そのもののあり方についても関心が寄せられるようになっていったのです。

　その当時シーブさんは、保育園において野外での活動があまりにも少ないのに驚いたそうです。そこで、ムッレ教室のリーダーをしていたシーブさんは、一九八五年、「I UR OCH SKUR《イ・ウール・オック・スキュール》野外保育園」というムッレ教育を導入した保育園を設立しました。「I UR OCH SKUR」とは、スウェーデン語で「晴れの日も雨の日も、天気にかかわらず」という意味で、この保育園では、子どもたちは一年中どんな天候のときでも自然のなかで過ごすことになります。

野外保育園のロゴマーク

　この保育形態が利用者の間で人気を博して、その後、二〇年間で全国に一八六園の野外保育園ができるほど広まったことは前章で述べたとおりですが、この二〇年間の経験からシーブさんと野外保育園で働く保育士仲間たちは、かつて働いていた一般の保育園と野外保育園を比べた場合、子どもたちに次のような違いがあるということを発見したそうです。

❶足腰が強くなり、長時間にわたって歩くことができるようになる。
❷子どもと保育士の病欠が一般的な保育園より少なく、健康的である。
❸自然のなかに出かけると、子どもたちは落ち着いて協調性が出てくる。
❹好奇心が育まれ、質問をすることが多くなる。
❺自然のことについてさまざまなことを学ぶようになる。
❻自然と生き物を大切にすることの大切さを

自然を生かしたムッレボーイ保育園の園庭　©Siw och Magnus Linde

学ぶことができる。

野外保育園の最大の特徴は、子どもにとって最高の遊び場である自然が保育園のすぐ近くにあることです。子どもたちはみんなで森や雑木林に出かけて、一日のほとんどの時間をそこで過ごします。しかし、子どもたちが遊ぶのはその自然のなかだけではありません。保育園の園庭もまた、子どもたちの大切な遊び場なのです。

野外保育園は通常の保育園とは異なり、園庭にもできるだけ自然を取り入れて、子どもたちがのびのびと遊べるような工夫をしています。たとえば、子どもが穴に入って遊べるように大きな穴の開いた丸太を置いたり、子どもたちだけで小さな小屋が造れるように枝などを拾い集められる場所や、火を炊いて身体や食べ物を温められるような場所を設けたりします。また、朝礼などのときに子どもたちみんなが集まって座れるように丸太を置いたり、木登りができる木や、少しみんなと離れて少人数で静かに遊べるような場所もつくるといった工夫もなされています。

そのほかにも、コンポスト器、野菜畑、小鳥の巣箱など、四季にあわせて自然を観察したり、エコロジーについて学ぶ手助けとなるようなものもあります。このような環境づくりを実践しているからこそ、通常の保育園とは異なるさまざまなよい効果を子どもの心身の発達に与えているのだと思います。

保育園の比較調査の方法

スウェーデン農業大学（Swedish University of Agricultural Sciences）の教授であるパトリック・グラーン博士(1)は、遊ぶ環境が子どもに与える影響について日ごろから多大なる興味をもっていました。そんな矢先、ある保育園の園長から次のような電話をもらったのです。

「多くの保育園の保育士は、自然に出かけることが子どもたちにとってよいことだと確信しています。自然は、子どもの運動神経や言語表現能力を伸ばしてくれるだけでなく、自分の体力・能力に関する自信も強化してくれると言われています。しかし、これまで誰もそれを実証した人はいません。私の保育園でも定期的に自然のなかに出かける活動をこれからはじめようと思っていますので、ぜひ自然が子どもに与える効果を科学的に証明していただけませんか？」

表２　研究チームのメンバー

フレドリーカ・モーテンソン（Fredirika Mårtensson）	農学博士、建築家
パトリック・グラーン（Patrik Grahn）	環境心理学者
ブーデイール・リンドブラード（Bodil Lindblad）	児童心理学者
パウラ・ニルソン（Paula Nilsson）	児童理学療法士
アンナ・エークマン（Anna Ekman）	建築家

この電話がきっかけになってグラーン博士は、一九九七年、児童心理学者、児童理学療法士などの研究者とチームを組んで、保育園児の遊び場の重要性についての調査に乗り出したのです。その調査は、保育方針と保育環境の異なる二つの保育園を比較するというものでした。一つは自然を生かした大きな庭のある野外保育園（スタータレンガン保育園）で、もう一つは典型的な都会の保育園（レーキャッテン保育園）でした。一年間の調査研究の末、非常に興味深い結果が「Ute på Dagis（保育園の外で）」という一冊の本として公表されました。(2) このことは、スウェーデンで最大の全国新聞である「ＤＮ」などのメディアでも大きな注目を集め、国内の保育関係者にも衝撃を与えるものとなりました。

まず、比較調査の対象となる二つの保育園を選定するにあたっては、保護者に社会的・経済

（1）（Patric Grahn）研究分野は景観計画および環境心理学で、過去二〇年間、同大学にて研究活動に従事。二〇〇五年に発表された「A Comparison of Leisure Time Spent in a Garden with Leisure Time Spent Indoors on Measures of Restoration in Residents in Generic Care（老人病ケア施設の利用者の回復手法としての庭園で過ごす余暇と屋内で過ごす余暇の比較）」など、論文多数。

（2）スウェーデン農業大学の出版社（ＭＯＶＩＵＭ）から一九九七年に出版された報告書。著者は、Patrik Grahn, Fredrika Mårtensson, Bodil Lindblad, Paula Nilsson, Anna Ekman。二つの保育園の園庭を比較し、自然に近い環境で遊ぶ子どものほうが室内で遊んでいる子どもより集中力が高く、発展的な遊びをしており、より健康であるという研究結果を報告している。いままでは教師の教育方法に焦点が当てられていたが、この報告書で初めて、子どもの発達には物理的な環境も影響していることが明らかにされた。

的な差がないことが考慮されました。たとえば、保護者の職業を挙げると、どちらの保育園にも医者、学者、弁護士、教師、看護婦がほぼ同数います。また、どちらの保育園も、所在する地域の保護者たちが「最高の保育園」と評価しているぐらい人気の高い保育園を選びました。そして、どちらの保育園の保育士も教育大学を卒業して教育熱心であること、また自治体の保育課の職員が「優秀な保育士がいる」と評価をしている保育園を選んでいます。つまり、二つの保育園の違いは、子どもたちの遊び場の環境だということです。

先にも述べたように、調査期間は一年間で、その間、研究チームは選定された二つの保育園に何度も足を運んで、園庭で遊ぶ子どもの状態を詳細に観察しました。また、各保育園の保育士たちにもお願いをして、日記を一年間、そして集中力に関する観察を四か月間にわたって記録してもらい、これらの資料も分析の対象としました。そのほか、運動能力に関しては一年間に同じテストを三回行いました。

これらの実験は、国際的に認められている様式を使用しました。運動能力テストは、欧州連合（ＥＵ）の委員会が一九九三年に出版したテストから選びました。集中力のテストは、ミシガン大学の心理学教授のステフェン・キャプランド氏の推薦で、「ＡＤＤＥＳ」[3]というテストの一部を使いました。

一般的な保育園――レーキャッテン保育園

レーキャッテン保育園は、スウェーデンで三番目に大きい都市であるマルメ市内にある近代的なアパートの一階にあります。この保育園の園庭は、ランドスケープ（景観）を専門とする建築家がデザインしたモダンなものです。この園庭内には、砂場、ブランコ、滑り台、自転車といった遊具のほか、それらを保管する倉庫もあります。そして、この園庭は、保育園の子どもたちが利用するだけでなく地域住民も利用できる公共の庭ともなっています。遊び場、植木、芝生、そして歩道がきちんと整えられている、憩いの場としても立派なものです。

子どもたちと保育士は、毎日、午前中の二時間をこの庭で過ごします。そして、週に一度、近くの公園か街中の遊び場に出かけていきます。子どもたちが庭で遊んでいる間、保育士たちは一か所に集まって監視をするだけで、子どもたちといっしょに遊ぶということはありません。

保育士たちは、アパートの住民に配慮して、庭で大声を出したり、迷惑をかけたりしないようにと子どもたちを指導します。たとえば、砂遊びをするときには、その砂が芝生に入らないように注意をしますし、遊んだあとは、きれいに後片付けをしてからなかに入るようにしています。子どもの遊びの内容よりも、庭を常にきれいに管理することを保育士たちは重視してい

（3）Attention Deficit Disorders Evaluation Scale の略。学校、教育者、心理学者が子どもの態度を観察することから得たデータで、その子どもがＡＤＨＤ（注意欠陥／多動性障害）かどうかを判断するテスト。

図２　レーキャッテン保育園（Lekatten）の園庭

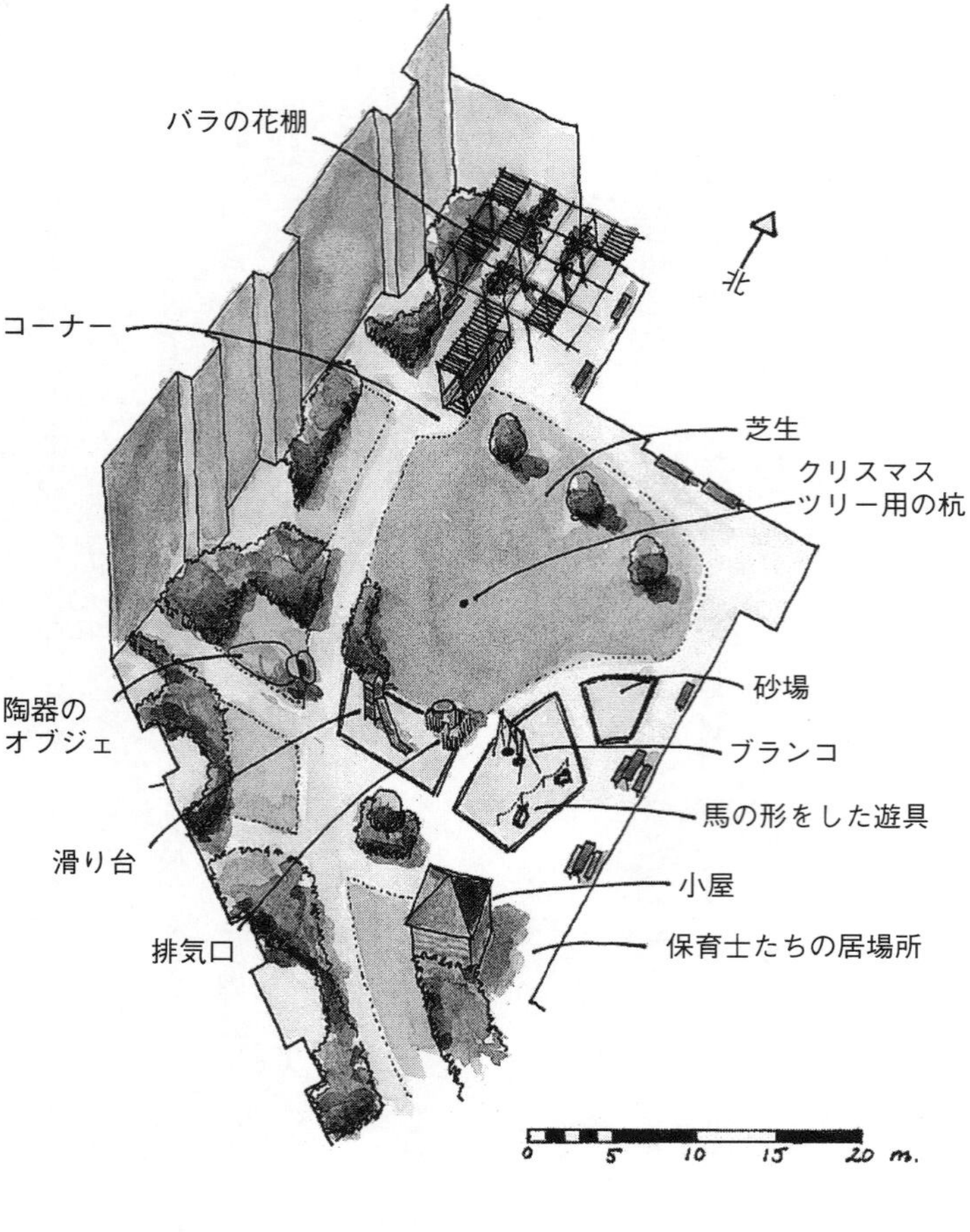

出典：Patrik Grahn, Fredrika Mårtensson, Bodil Lindblad, Paula Nilsson, Anna Ekman “Ute på Dagis” Stad & Land nr 145: 1997

るようです。

レーキャッテン保育園での子どもの主な遊びは、庭の舗装された小道を自転車でグルグルと回ることです。しかし、自転車の台数がかぎられているため、毎朝、遊具のある小屋の前に子どもたちの列ができます。また、庭が狭いせいか、砂場では場所の取り合いがしばしば起こっているようです。それらが理由か、活発な運動が必要となる年長の子どもたちは十分な身体運動ができない状態にあります。

さらに庭には低い木が二本しかなく、少人数で静かに落ち着いて遊びたい子どもがいても、そのための場所がありません。かぎられた狭い場所で、一日中ほかの子どもといっしょにいるということはストレスがたまる原因ともなります。そのため、子ども同士で摩擦がよく起き、保育士たちはしばしばケンカの仲裁に走り回らなければなりません。

レーキャッテン保育園では、野外での活動はそれほど重視されていません。保育士たちが子どもたちを野外で遊ばせるのは、新鮮な空気が子どもの健康にいいからというだけの理由からです。また、そもそも保育士たち自身が野外活動に対する興味がないため、気候にあった服装をするということができません。そのため、寒い外には出ないで、子どもたちをできるだけ室内で遊ばせているようです。

野外保育園（I UR OCH SKUR）――スタータレンガン保育園

スタータレンガン園は、スウェーデン南部のルンド市郊外にある野外保育園です。先述のムッレボーイ保育園と同じ教育方針をとっている保育園で、ムッレ教育を導入しています。この保育園では古い農家の建物を保育舎として使っており、その庭には木々が生い茂り、庭の一部は自然の森に近い状態になっています。母屋のほかに、作業小屋や物置小屋、そして年少の子どものための遊び小屋があります。庭では、ニワトリを飼っているほかに野菜畑や果樹園もあり、子どもたちは畑の野菜を収穫したり、木に登ってリンゴをもいで食べたりすることができます。保育舎のすぐ近くには、砂場、ブランコ、そして木の枝にロープをかけただけという遊具がありますが、子どもたちはこのロープをブランコにして遊んでいます。

庭の真んなかあたりからは、雑草が伸びて野生の森のようになっています。この庭は、小学校の低学年を対象にした学童保育園に通う子どもたちが、年少の園児と離れて、ちょっとスリルを味わえるような遊びを楽しむために使われています。庭が広いために、一人や二人といった少人数で静かに遊びたいときも十分にその場所を見つけることができます。もちろん、子どもたちの間で場所や遊具の取り合いが起こるということもありません。

この保育園の特徴は、子どもたちが室内より野外で過ごしている時間が長いことです。保育士たちは、自然こそが子どもたちの豊かな遊び場であるということを確信しており、野外での遊びを考慮しています。また、子どもたちができるだけ集中して遊べるようにと、子どもたち

図３　スタータレンガン保育園（Startarlängan）の園庭

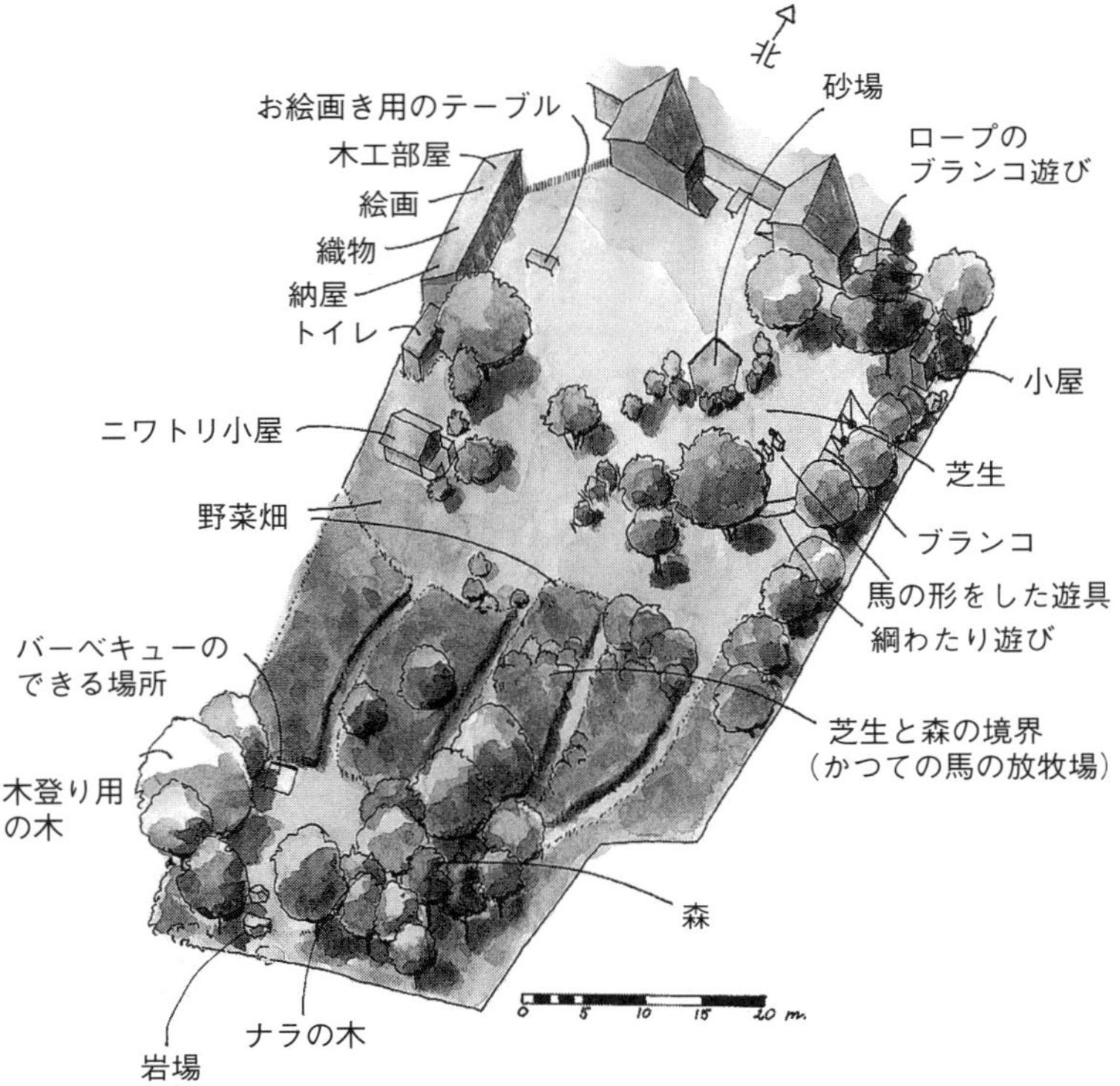

出典：Patrik Grahn, Fredrika Mårtensson, Bodil Lindblad, Paula Nilsson, Anna Ekman "Ute på Dagis" Stad & Land nr 145: 1997

の遊びを途中で止めさせることはしないように心がけています。保育士たちは、遊んでいる子どもたちを回って話をしたり庭の手入れなどをしたりしています。もちろん、子どもたちがそれを手伝うこともできます。

ここでは、天気が悪かろうが寒かろうが、野外で遊ぶことを優先しています。もし、子どもが室内に入ろうとしたときにはその理由を尋ね、特別な理由がないかぎりは野外で遊ばせるようにしています。これも、保育士自身が自然を愛しているからこそできることだと思います。

2 野外保育の驚くべき効果

日本野外生活推進協会顧問
高見幸子

遊び場の環境と「遊びの可能性」

二つの保育園では、野外で遊ぶことに重点が置かれているかどうか、また多様な遊びができるような遊び場かどうかという点で明確な違いがあることがわかります。この違いは、保育士たちがどんな価値観に基づいて遊び場の環境づくりを行っているかということから生じたものと考えられます。

レーキャッテン保育園の庭はプロの建築家が設計したもので、大人の目に美しく見えるように造られています。また、近隣の住民に配慮して、庭を常にきれいに保っておかなければなりません。そのため、子どもたちは遊んだ遊具をそのままにして帰宅するということができません。つまり、遊びも決められた時間内で終えなければならないのです。このような環境では、子どもたちは遊具に頼った遊びしかしなくなります。当然、遊びの種類もかぎられたものとなり、「遊びの可能性」といったものは無視されるようになります。

一方、スタータレンガン保育園の庭はこれとはまったく反対で、そのため遊び場にも制限がなく、遊び方も自由に創造していくことができます。そして、その遊びのなかにおいて自分たちだけのファンタジーをかぎりなく膨らませることができるのです。つまり、遊び場の環境そのものが「遊びの可能性」を生みだしていくのです。

以下では、これらの違いをより詳しく、また専門的な視点から解明していくために、グラーン博士の調査研究の内容を紹介していきます。

遊びの創造性

グラーン博士は研究発表のなかで、スタータレンガン保育園の子どものほうが遊びの内容が深く、創造性の豊かな遊びをしていると指摘しています。その理由として彼は、遊びの環境の違いを挙げています。スタータレンガン保育園の遊具はすべて自然のものなので後片付けをする必要がなく、遊んでいたものをそのまま翌日まで残しておけます。そして、同じ遊びを気が済むまでしたり、その遊びからさらに内容の深い遊びに発展させたりすることができます。つまり、スタータレンガン保育園では、子どもたちの想像次第で園庭が戦場になったり、妖精や女王の世界になったり、ショッピングセンターになったりするのです。

一方、レーキャッテン保育園は、外で遊ぶ時間が短いために遊びといっても自転車で庭をグルグル回ることしかできないような状態です。そのため、たとえば仲間同士で役割を決めて何かを演じるといった、ファンタジーのなかの物語をゆっくり発展させるだけの時間がないと言えます。

グラーン博士はこのときの調査研究から、遊ぶ環境が子どもたちの想像力を高め、遊びの内容をより創造的なものにするという結論を出しています。つまり、子どもたちにとっては、遊び場そのものは格別に美しい必要はなく、そこでどんな遊びができるのかということがもっとも重要なことなのです。大人と子どものニーズの違いを、グラーン博士は強調しているのです。

また、多くの大人は、「子どもであればどんな環境でも遊ぶことができる」という思い込みをもつ傾向があるため、子どもたちが野外で遊ぶことの重要性を認識していないのではないかと指摘しています。もし、ある場所に子どもを連れていって、そこで遊ぼうとしなければ身体の具合でも悪いのではないかと考える人は多々いるでしょうが、その場所の環境そのものに原因があると考える人はほとんどいないのではないか、とも言っています。

野外保育園では遊びの可能性が広がる　ⒸSiw och Magnus Linde

次々と生まれる楽しいファンタジー　ⒸSiw och Magnus Linde

健康

ラグーン博士は、野外保育が子どもたちの健康にもよい効果があることも明らかにしました。二つの保育園における年間の平均病欠率を比べたところ、レーキャッテン保育園は八パーセント、スタータレンガン保育園は二・四パーセントという数値が出ました。明らかに、野外保育園の子どもたちのほうが病欠が少なく、健康であることがわかります。

また、言うまでもないことですが、室内で過ごす時間が長ければ長いほど病気が感染する機会が高くなってしまいます。この点でも、一日のほとんどを野外で過ごす野外保育園の子どもたちは、身体いっぱいに新鮮な空気を吸って子ども本来の生活のリズムにあった日々を過ごしているために、ストレスが少なく、比較的病気になることが少ないという結論を出しています。

運動神経の発達

運動神経の発達においてもっとも重要とされているのは、子どもたちを取り巻く物理的な環境だと言われています。だからこそ野外保育園では、子どもたちの活動の場を、広く体を動かすことができる野外を選んでいるのです。

この比較調査では、二つの保育園に通う子どもたちの運動神経の発達状況を比較するために、児童理学療法士による運動神経のテストも実施されました。そのテストには、集中力が必要な運動から肉体的に難易度の高い運動までが含まれていました。ちなみに、比較されたのは、バランス、敏速性、体のコーディネーション能力、柔軟性、腹筋力などです。その結果、素早く走って素早く逆戻りするというテストにおいては二つの保育園の差はあまり見られませんでした。しかし、身体の柔軟性においてはスタータレンガン保育園の子どものほうがはるかに優れているという結果が出ましたし、握力、幅跳び、腹筋力、バランス力においても同様の結果が出ています。

野外保育園では木登りをしたり、岩に登ったり、垣根をくぐったりという動作を常にしているので、自然と体の柔軟性や背中の筋肉と腹筋、バランス力、コーディネーションが鍛えられます。当然、木の枝

遊びながらバランス感覚を身に着ける　©Siw och Magnus Linde

表３　体力テストの結果

EUROFIT テスト	レーキャッテン園	スタータレンガン園
①30秒間片足で立ったときやり直した回数（バランス）	3.9回	2.0回
②片手で二つのゴム板を交互に50回すばやくたたく（敏捷性、コーディネーション能力）	34秒	32秒
③座った状態で手を伸ばして、どのくらい足先を超えるか（柔軟性）	0.3センチ	4.0センチ
④30秒間、片足を交互に上げてひざに触れる	32回	34回
⑤立った場所からジャンプする	94.7センチ	103.4センチ
⑥握力	35.8KPa	42.4KPa
⑦平均台を落ちないですばやく渡る	15.7秒	12.8秒
⑧30秒間腹筋をする	4.2回	5.9回
⑨平均棒にぶら下がる	3.9秒	4.4秒
⑩４角を走る	31.9秒	30.2秒

出典：Patrik Grahn, Fredrika Mårtensson, Bodil Lindblad, Paula Nilsson, Anna Ekman “Ute på Dagis” Stad & Land nr 145: 1997

やロープにぶらさがったりするので握力も発達します。これらを見ただけでも、野外保育園のほうが運動神経の発達を促しているということがわかると思います。

集中力

集中力のテストは、アメリカでマッカーニ（MaCarney）氏によって開発された「ＡＤＤＥＳ」（六五ページの注３参照）というテストが使われました。それは、担任の保育士に集中力に関する調査項目を事前にわたして、その項目にあった行動の頻度を記入してもらうというものです。比較対象となった項目は全部で二七項目あ

表４　集中力テストの結果

		レーキャッテン園	スタータレンガン園
1	気が散りやすい	17.3	9.3
2	話を聞かない	18	12.1
3	音に注意しない	6.4	2.2
4	指示通りに作業ができない	12.4	2.8
5	先生が勧告を繰り返す	60.7	7.3
6	集中するのが難しい	9.3	2.1
7	持ち物の整頓ができる	4.4	5.2
8	指図に従わない	13.1	5.7
9	忘れっぽい	2.7	3.8
10	活動をよく変える	4.0	6.1
11	注意を集中する間が短い	4.2	1.3
12	自立心がない	2.6	2.3
13	慌てていい加減にものをつくる	3.5	3.3
14	先生が子どもの注意をひくために目を見て話をする必要がある	34.2	10.7
15	手順を忘れる	0.3	1.0
16	先生に注意をされても聞かない	13.8	8.6
17	自分の番まで待てない	5.0	2.8
18	他の子どもがもっているものを取り上げる	8.2	4.6
19	他の子どもの話のじゃまをする	19.6	9.2
20	衝動的になる	16.5	7.0
21	すぐにイライラする	36.0	5.8
22	他の子どもを押しやる	10.4	5.9
23	正しい順番にしない	3.7	1.5
24	他の子どものじゃまをする	10.4	4.6
25	責任をとらない	13.4	3.3
26	事故を起こす	2.3	0.6
27	落ち着きがない	77.3	6.8

＊アミの部分はとくに差が大きいもの。

出典：Patrik Grahn, Fredrika Mårtensson, Bodil Lindblad, Paula Nilsson, Anna Ekman “Ute på Dagis” Stad & Land nr 145: 1997

り、それを六分類して比較したものが前ページの表です。この調査結果から、スタータレンガン保育園の子どもたちのほうがレーキャッテン保育園の子どもたちに比べて集中力が高いということがわかります。

グラーン博士は、スタータレンガン保育園の子どもたちの遊びを見ていて、彼らが垣根や木や岩など起伏のある環境のなかで、活発でスピーディな遊びとゆっくりしたテンポの遊びを交互に替えながら自分たちの能力とニーズにあわせて遊んでいることを発見しました。そして、このような遊び方が、「運動神経と集中力をより発達させる重要な理由となっている」と述べています。また、保育士の話によく耳を傾けるスタータレンガン保育園の子どもたちに対して、レーキャッテン保育園の子どもたちは多くの注意事項を守らなければならい現状に負担を感じており、保育士の要求を拒否するようになっていました。つまり、管理された環境が集中力を低下させることになるということです。

集中力の低下が及ぼす影響について アメリカのカプラン氏（九ページの注3参照）が一九九一年に研究発表を行っています。(4) それによると、まず集中力が弱いと情報を得ることが困難になるとされています。そして、二つ目として、すぐにイライラしたり自己中心的になったりして、他人を助けるという配慮をもたなくなります。当然、忍耐力も養われません。そのほかにも、物事を決定したり、計画を立てたり、すでに決定したことも実行をすることが難しくなり、物語のつながりを理解するといったことも困難となります。

　この比較研究により、野外での自然を遊び場としたほうが都会における人工の遊び場よりも健康、創造性、ファンタジー、忍耐力、運動神経、集中力などのさまざまな面でよい効果を与えるということが明らかになりました。このように、グラーン博士も、保育園の野外活動と園庭の環境が子どもに大きな影響を及ぼしているということは明らかだと主張し、社会がもっとこの事実を認識し、今後に向けて対策を講ずるべきだと強調しています。

3　日本とスウェーデンの子どもたち

日本とスウェーデンに見る子どもたちの違い

　かつて私は、仕事や研究が理由でストックホルムに短期滞在している日本人家庭の子どもを対象にムッレ教室を開いたことがあります。その家族の多くは、東京や大阪といった大都会から来ていました。両国の子どもたちを対象としたムッレ教室において、私は顕著な違いを二つ

（4）　Rachel Kaplan, Stephen Kaplan, Robert L.Ryan *“With People in Mind:Design and Management for Every-day Nature”* Island Press, 1991

発見しました。

一つは、やはり運動神経の差です。とくに、日本人の子どもたちの足腰とバランス力の弱さには驚きました。日本の都会における住環境を見ると、道路も公園も平坦になっています。スウェーデンももちろん道路は平らですが、子どもたちは公園や森のなかで遊ぶ機会が多く、木の根がはっていたり石があったりという起伏の多い場所を走り回ったり歩いたりするために足腰が鍛えられるのです。

それに比べて、このような機会の少ない日本人の子どもたちは森で走るたびに転んでしまい、痣《あざ》だらけになってしまいます。あまりにもケガが多いので、ムッレ教室が嫌になって行きたくないと言っているのではないかと私は思い、とくによく転んでいた四歳の子どもの母親に尋ねてみました。すると、子どもが自然を大好きになり、毎回ムッレ教室を楽しみにしているという返事をもらったのです。このとき、ホッとしたことをいまでも覚えています。

もう一つの違いは、生きものに対する接し方です。スウェーデンの子どもたちが「かわいい」と言って競ってカエルを手にとるのに対して、日本の子どもたちはまず手を差し出すことはありませんでした。しかし、これもムッレ教室を重ねているうちにだんだん慣れていきました。

日本に帰国された保護者から後日聞いたことですが、スウェーデンでムッレ教室に通っていたことで、子どものストレスが解消されていたということでした。スウェーデンの保育園に通っていたために言葉が通じないこともあってかなりのストレスを感じていたそうですが、一週間に一度、自然に出かけて思い切って遊ぶことでストレスが解消されてリラックスできたというのです。そして、それ以来森が好きになってしまって、東京に戻ってからも「森に行こうよ」とせがむようになったというお便りをいただきました。かぎられた期間の、数少ないムッレ教室ではありましたが、大いなるきっかけづくりができたと思っています。

運動するほうがよく勉強ができる

日本では、子どもたちに部屋のなかで集中して勉強をさせるという光景がよく見受けられます。塾であれ、自宅の部屋であれ、「缶詰」状態となって学習に取り組むことが一般的となっているようです。それゆえ、野外で自由に遊ばせることが学力強化につながるということが取り立てて意識されることはまったくと言っていいほどありません。

しかし、スウェーデンでは、運動をすることが学力向上にポジティブな効果があるということが一般的に認識されています。たとえば、『Lar med kroppen det fastnar i huvudet（身体で学んだことは頭に残る）』（Parlenve Sohlman《パレンベ・ソールマン》, Sveriges Utbildningsradio, 1984）という本は有名です。また、多くの教育者はその重要性を理解しています。そもそも「学力とは何か」という定義が必要だとは思いますが、たとえばさまざまな事実を記憶するにしても、室内で暗記ばかりをしていると疲れが溜まって集中力が落ちてくるということは当たり前のことです。集中力が落ちることで先述したように情報が入りにくくなって、かえって学習の非効率化を生みます。そして、繰り返し言いますが、集中力が下がることによって周囲の人々への配慮が欠如するということを忘れてはいけません。

スウェーデンでは、学力を調査するために小学校二年生と五年生のときに全国を対象として学力テストを行います。私の知っている野外小学校のウトシクテン小学校（I UR OCH SKUR Utsikten Skola）でも二年生のときに学力テストが行われましたが、その結果は一般的な小学校と何ら変わらないというものでした。

このような結果を踏まえても、日本であれば室内での勉強を優先して、「やはり野外は……」と考えられる方が圧倒的に多い

好奇心こそ学びの原動力　©Siw och Magnus Linde

と思います。ところが、スウェーデンでは、野外保育園だけでなく野外小学校も保護者には大変な人気があります。もちろん、定員が定められているため、これらの保育園や小学校に入るために「順番待ち」をしているというのが現状です。

スウェーデンのなかでも野外教育の盛んなリディンギョ・コミューンは首都ストックホルムのベッドタウンとなっており、知識階級の人たちがたくさん住んでいるところです。興味深いことに、高学歴で子どもの教育に熱心な親ほど野外教育を望んでいるという結果が出ています。日本にも「よく遊び、よく学べ」という言葉がありますが、スウェーデンでは正に言葉とおりのことが高く評価されて実践されているのです。

ムッレ教室の野外教育でも、体験のなかで楽しく学ぶということが実践されてきました。ムッレ教室では、大人が頭ごなしに子どもたちに自然のことを教えるということはありません。逆に、子どもたちが自然のなかで遊ぶことを通して、自然を自分のものに感じることを重視しています。自分自身の自然体験があってこそ、初めて自然を理解することができるのです。そして、その体験は楽しいものでなければなりません。なぜなら、私たちが一番よく学べるのは、自らが好奇心をもって楽しく取り組んでいるときだからです。

ムッレ教室では、子どもたちが自分の自然体験を通して知識を自分のものにしていきます。このことは、「学力とは何か」という議論のなかで重要な示唆を与えてくれるでしょう。

野外保育園が社会の模範に

これまで私たちムッレ教室に携わっている者は、自然のなかで遊ぶことが子どもの心身の発達によい結果を与えているということを経験から理解してきました。というのも、過去において誰もそのことを体系的に実証した人がいなかったからです。しかし、グラーン博士の調査研究により、遊び場の環境を自然に近づけることが、子どもたちの成長にとっていかに重要かということが科学的に証明されたのです。この研究は、学会のみならずスウェーデンの新聞でも大きく取り上げられ、野外保育が注目を浴びる重要な役割を果たしました。そして、今日のスウェーデンにおいて、野外保育園が保育園の模範となるきっかけをつくり出したのです。

同時に、グラーン博士のこの研究は、ムッレ教室の野外活動の効果を科学的に裏付けることにもなりました。この研究によってムッレ教室の重要性がより多くの人々に認識されるようになり、今後さらに社会に普及してゆくきっかけともなったのです。

本書の冒頭でも述べたように、スウェーデンではムッレ教室に参加した子どもが二〇〇万人に達するほど、野外保育が広く社会に浸透しています。だからといって、スウェーデン国内のすべての保育園がこのような取り組みをしているわけではないということは本章で見たとおりです。

二〇〇四年、ストックホルム大学の学生が卒業論文を書くためにある調査を行いました。ストックホルム市内にある保育園のうち一〇軒の保育園を選び、それぞれの保育園がどの程度野外で活動しているのかを調べたのだそうです。この調査によると、都心にある保育園ほど自然のなかで遊べる環境が少なく、野外活動も少ないということが明らかになりました。スウェーデンの都会にある保育園は、先に挙げたレーキャッテン保育園と同じような問題を抱えているのです。このような状況であるがゆえに、保育園のなかにムッレ教室を取り入れることがますます重要となっていくでしょう。

また、自然のなかで過ごすということは、子どもにだけよい効果があるわけではなく、大人にとってもかなりの効果をもたらします。実は、私の住んでいるリディンギョ・コミューンでは、野外保育園の考え方を高齢者福祉にも取り入れようとしています。高齢者がもっと自然に出かけるようになれば、高齢者の健康維持やリハビリテーションにも、そしてさらには精神的にもポジティブな影響を与えるでしょう。近い将来、「野外デイケアセンター」なるものが設立されて、そのコンセプトが社会に広まっていくかもしれません。

日本の都会にも公園を

日本の大都会に住んでいると、本当に子どもたちは野外で遊ぶ場所や機会が少ない状態だということを実感します。大人は、電車や車を使って遠くの自然まで簡単に出かけることができますが、子どもたちはそうはいきません。普段遊んでいる場所の環境が子どもの心身の発達に与える影響は、大人が考える以上に大きいことをグラーン博士の比較研究は指摘していました。子どもたちはどんな環境でも文句を言わずに遊びますが、だからと言ってそれでよいということではなく、考え抜かれた大きな改善が必要だと思います。

私が見るかぎり、日本における緊急の課題は、都会にある住宅の近くにもっと幼児が遊べる緑の公園を造ることです。小さい子どもにとっては、大自然でなくてもいいのです。たとえば、公園の一角に木を植えて、農薬を散布しないでそのままにしておけば自然にいろいろな昆虫が集まってきます。また、公園内に小さな池を造っておけばカエルやトンボも集まってきます。それだけで、小さい子どもたちは十分スリルのある自然体験ができるのです。

仲間といっしょにオーケストラを結成　©Siw och Magnus Linde

都会から少し離れて、周りが田んぼで山もあって自然がいっぱいある郊外にもかかわらず、やはり外で遊んでいる子どもが少ないという事実が日本ではよく見受けられます。昔のように、子どもたちが外で自由に遊ぶという機会がどこともに少なくなっているようです。子どもたちが遊ぶ場所とその機会は、大人が十分に注意して提供しなければならないという時代になったと思います。そのためには、子どもたちを自然のなかに案内できる人たちをたくさん育てていくことが必要です。

また、ムッレ教室をはじめとした野外活動を行うことで確実に養われるものがあります。それは「社会性」です。ムッレ教室に参加することで、初めてグループで行動することを体験します。自然のなかでいっしょに遊んだりお弁当を食べていくうちに仲間意識が芽生え、それによって自分勝手な行動はいけないということを学び、他人に対する配慮の必要性を体感します。

数十年来、日本では不登校児が増えていると聞きます。また、大人になっても「引きこもり」といった形で周りとコンタクトをとることのできない若い人たちが増えているようにも聞きます。自然のなかで、貧富の差や年齢の差もなく、いっしょに野外活動を楽しむことによってコミュニケーション能力も養われていくと思います。行政は、すでにそのような活動に取り組んでいるさまざまなＮＰＯやＮＧＯと協力をして、至急対策を進めていくことが必要だと考えます。

第3章

森のムッレ教室を日本の子どもたちに

――兵庫県の市島町から日本全国へ

©Eva Rönnblom

心にも、身体にも、頭にもいい、そんな野外保育の効果が社会に認識されてきたスウェーデン。なかでも野外生活推進協会は、過去五〇年間にわたって、森のムッレ教室をスウェーデン全土に普及するために中心的な役割を果たしてきました。そして、この普及の波は留まることがありませんでした。いま、森のムッレ教室は、その素晴らしさが評価されてスウェーデンから海を渡って世界に向かって広がりを見せています。現在、スウェーデン、ノルウェー、フィンランド、ドイツ、ラトビア、ロシア、イギリス、ヨルダン、韓国、そして日本の世界九か国で実践されるまでになりました。

本章では、日本での活動に目を向けてみたいと思います。先述したように、日本では、高見さん兄妹のふるさとである兵庫県北東部に位置する市島町に本部を置く「日本野外生活推進協会」が中心となって普及活動が展開されています。そして今日、南は鹿児島から北は北海道まで、さらには日本から再び海を渡って韓国にまで森のムッレ教室が導入されているのです。このなかには、日本野外生活推進協会の地域支部が設けられているところもあり、長期的な視野に立って地域における実践と普及活動が進められています。

しかし、そもそもスウェーデンと日本では文化や言葉だけでなく気候も異なります。当然、日本では、設立当時に「ムッレ」という言葉を聞いたことのある人はいなかったでしょう。それればかりか、一五年前の日本では、まだ「環境教育」という言葉ですらポピュラーなものではありませんでした。それにもかかわらず、ムッレ教室はこの一五年間の間に日本の子どもたちに愛され続けてきたのです。

では、ムッレ教室はどのようにして日本で生まれ、人々に受け入れられて広がっていったのでしょうか。その背景には、市島町の地域ぐるみの活動がありました。その中心人物であった高見さん兄妹に、市島町にムッレ教室が誕生した経緯を語ってもらいましょう。では最初に、スウェーデンからムッレ教室を持ち帰ってきた妹の高見幸子さんからスタートしてもらい、続いて、お兄さんの高見豊さんには、日本での活動のはじまりを語ってもらいましょう。

1 はじまりは一通の投稿記事から

日本野外生活推進協会顧問
高見幸子

いまから二〇年ほど前のことです。スウェーデンでは、自然破壊や環境問題が大きな社会問題となって、国民の自然保護に対する関心もとても高い状況にありました。たとえば、オゾン層の破壊、熱帯雨林の激減、アフリカ象の絶滅危惧は国民を驚かせました。また、一九八八年には、北海のアザラシが大量死して西海岸に打ち上げられました。これらのニュースが国民の意識を高め、「緑の党」が国会入りを果たしました。

スウェーデンの生活にようやくなじんできた私が、七歳になっていた娘クリスティーンと数年ぶりに日本に帰国して、市島町に里帰りしたのはちょうどそのころでした。そして、夢にまで見て楽しみにしていた故郷の姿を目の当たりにした私は、愕然として言葉を失ったのです。

私がそこで目にしたのは、高速道路建設のために無残にも切り崩された山だったのです。この高速道路は神戸市と舞鶴市を結ぶ「舞鶴若狭自動車道」で、一九八五年に完成していました。そのうえ、水害防止のための護岸工事が行われて、川の姿も大きく変えられていました。野鳥や小動物の絶好のすみかであった岸辺や、たくさんの小魚が泳いでいた川底は灰色のコンクリートで固められてしまっていたのです。一九八〇年代半ば、日本は高度経済成長の真っただなかで、日本各地で開発ラッシュが勢いを増していました。慣れ親しんで大好きだった自然豊かな田園風景の変わり果てた姿を見て、私は自分の幼少時代の思い出までもが切り刻まれてしまったような悲しい気持ちになりました。

この現状は、自然保護に熱心に取り組むスウェーデンとあまりにも対象的なものでした。「なぜ、こんなにも差が出るのだろうか」と、私はこのときずいぶん考え込みました。その結果至った結論が、自然の大切さを学ぶ環境教育が日本にはないということでした。自然の大切さを学ぶ環境教育を幼少のころより行っていれば、こんな無惨な結果にはならなかったはずです。私はこのとき、いまの日本にこそ、エコロジーについて学ぶ「森のムッレ教室」が必要だということを確信したのです。

早速私は、故郷の市島町に現在も住んでいる兄の高見豊に相談をもちかけて、私がスウェーデンで娘のクリスティーンのためにムッレ教室を開いたことや、それがいかに素晴らしいことかなどを一気に語りました。そして、日本においてムッレ教室を開くことができないかともちかけたのです。そこで兄は、次のようにアドバイスをしてくれました。

「地元の新聞（丹波新聞）に投稿してみるのはどうだろうか。共感をもって、活動に協力してくれる方が見つかるかもしれない」

この兄のアドバイスに従って、私は「丹波新聞」に記事を投稿しました。これが、ムッレ教室を日本に紹介するためにとった私の初めての行動でした。言うまでもなく、「環境」という言葉すら新聞で見ることがない時代のことです。以下においてその投稿記事を記したいと思いますが、本文と重複する部分がありますので要約してご紹介します。

ムッレ教室を日本に〜　自然との共存を子どもたちに、大人たちに（昭和六一年八月七日）

「お母さん、ドジョウ取ってきたよ」、「ザリガニ見つけたよ」、「トカゲがいたよ」、「日本って、何て生き物が豊かなの！」

こんな感嘆の声を上げて、目を輝かせながら田んぼの畦道を歩いているのは北欧スウェーデンで生まれ育った七歳の娘です。今年、初めて夏の日本を訪れて、その生物の種類の豊富なことに小さな感動を繰り返す毎日を送っています。

スウェーデンは寒い国。いきおい、生物の種類も量も少なくなります。近くの沼を半日探し回って一匹のカエルが見つかればいい方です。日本に来てから、娘が喜んで家に持って帰ってくる生き物は、カエルのほかザリガニ、サワガニ、ドジョウ、オタマジャクシ、イモリ、トカゲ、そしてホタルに毛虫とかぎりがありません。あっという間に、家の庭はまるで水族館のようになってしまいました。しかし、観察した後は、必ず娘といっしょにつかまえた場所に返してあげるようにしています。

娘は五歳のときから、スウェーデンの環境団体「野外生活推進協会」が主催する「森のムッレ教室」に通っています。森のムッレ教室というのは「自然は子どもの最高の遊び場であり学びの場である」という理念に基づく自然教育プログラムのことです。これまでに二〇〇万人の子どもたちが体験しており、国内にその活動が広く普及しています。

スウェーデンは、環境対策に力を入れている国です。首都のストックホルムは人口約一四〇万人で、神戸市ぐらいの大都市ですが、その中心を流れる川でサケを釣ることができ、市庁舎に面した湖では泳ぐこともできます。また、酸性雨の防止対策についても、ヨーロッパのどの国よりも真剣に取り組んできました。このような環境問題への積極的な取り組みの実績は、スウェーデン人が世界に対して誇りに思っていることです。人々の環境問題への関心も高く、国民の声も行政によく反映されています。幼少期から自然と触れ合うことを大切にするスウェーデンでは、行政を行う人も、意思決定をする政治家も、その政治家を選ぶ人も、娘と同じ年齢のころに森に入って木の実を摘み、ヘビを観察し、湖で魚釣りをしているのです。

久しぶりに故郷を訪れて、娘と一緒に川を見に行ったとき、その環境が悪くなっているのを目の前にしてとても胸が痛みました。前回、帰った時には、「故郷は遠くにありて思うべし」とあきらめました。しかし今回は、スウェーデンでできたことを日本がやれないことはないと思い直し、読者の皆様に訴えたく筆を取りました。

私は、このムッレ教室を日本で始めることを提案したいと思います。私が「川が汚くなった」と言うと、「いまの子どもは川で遊ばない」と返されたことがありました。しかし逆に、川が汚染されたから、また魚が減少したから川で遊ばなくなったとも考えられます。もし、子どもたちが身近な川や山を、遊んだり学んだりする場所としてもっと活用するようになれば環境改善への声も高まり、自然保護も実現していくのではないでしょうか。スウェーデンに比べればこれだけ豊富な自然に囲まれているのに活用しないのはもったいないと思います。身近な自然に触れることを通して、自然との共存を子どもたちに、そして大人たちにも考えていってほしいのです。

「いまの子どもは土や砂の上で遊ぶ機会が激減している」、「子どもの世界に身近な自然がなくなっている」と言われます。だからこそ、自然豊かなこの町から力を入れていって欲しいのです。泥んこになってドジョウや魚を手でつかんだその感覚と感動を子どもと孫に伝えるために、いまこそ我々大人の努力が必要だと思うのです。

ムッレ教室のアイデアに興味をもたれた方や、質問やご意見のある方はぜひお便りをお寄せください。（連絡先＝氷上郡市島町上牧　高見幸子）

残念なことに、このときの投稿に対する反応は一通だけで、私の考えに同意はするが、一個人の力では社会を変えるのは難しいという内容のものでした。私はこのとき、まずは自分で行動をしてみせないと何もはじまらないということに気が付いたのです。幸いにして私は、その年に兄の理解と協力を得ることができました。そして、数年後には、兄がムッレ教室を日本に広めるための鍵を握る存在となったのです。

その兄は、現在「日本野外生活推進協会」の会長を務めています。それではここで兄にバトンを渡して、日本でムッレ教室がどのようにしてはじまって広まっていったのかを語ってもらうことにします。

2 とにかく、野外教室をやってみよう

日本野外生活推進協会会長
高見　豊

妹の里帰り

いまから二〇年前の一九八六年六月、スウェーデンに住んでいる妹（高見幸子）が夏休みを利用して市島町に帰郷しました。もちろん、私は久しぶりに妹に会えるのを楽しみにしていました。しかし、このときの再会が私の今後の人生にとって大きな影響を与えることになった「森のムッレ」との初めての出会いでもあったのです。

当時、日本中の人々が、経済的な豊かさや便利さ、そして快適さとスピードを求めていました。いわゆる、「大量生産・大量消費」の時代です。国を挙げての急速な都市化が進められ、全国の至る所で公共事業が行われました。そして、私が住んでいる人口一万人二〇〇〇人ほどの小さな町である市島町もまた、その波を受けた一つでした。多様な生物の拠り所となる自然環境や美しい田園風景と引き替えに、高速道路の建設や河川の護岸工事が行われたのです。もちろん、「自然保護」や「環境保全」などは二の次と考えられていた時代のことです。

そのとき、私も住民の一人として、このような世の中の流れを受けながら都市化されることの便利さを当然のように享受するつもりでいました。ですから、前節で記されたような妹の落

胆振りを目のあたりにして少し驚いたぐらいです。その妹から、「森のムッレ教室」というスウェーデンの野外自然教育の話を聞き、日本でもその教室を開きたいという相談を受けたときは、どう反応したらよいのかと戸惑いを感じました。もちろん、森のムッレ教室なるものが一体どんなものなのか、話を聞いてもイメージすらできませんでした。しかし、妹から詳しい話を聞くにつれ、少しずつですが私の興味も高まっていったのです。

少しでも妹の力になりたいと思いはじめた私は、まず「丹波新聞」に記事を投稿するようにアドバイスしました（九三ページ参照）。まずは同じ市島町に住んでいる住民に共感してもらって、協力者を募ってはどうかと思ったのです。ところが、予想に反して大きな反響は得られず、再び妹は落胆しました。

しかし、彼女は、このことでムッレ教室をあきらめませんでした。彼女は、人々の理解を得るためには、まず自分が実際にムッレ教室を実践して、みんなに見てもらったり体験してもらうことが重要だと考えたのです。いま思い返しても、これがきっかけとなって、私は彼女の熱意に押されてサポートするようになったと思います。

スウェーデン式の野外教室を日本で初めて体験

このときの帰郷に姪のクリスティーンが同行していたのは、先に触れたとおりです。クリスティーンは、六月中旬から七月中旬までの夏休みまでの期間、私たち兄妹の母校でもある鴨庄小学校に一時入学して、一年生のクラスで勉強していました。当時、彼女は、スウェーデンで五～六歳児向けのムッレ教室を終えて、小学校の低学年を対象としている野外教室である森のストローバレ教室（二二ページ参照）に通っていました。市島町で過ごすうちに日本の自然が大好きになっていたクリスティーンは、妹に「市島町でストローバレ教室を開いてほしい」と頼んだのです。

早速、妹は鴨庄小学校の教頭先生にその旨のお願いに行きました。そして、自分が活動におけるすべての責任を取るということを条件として、課外授業の一環としてクラスでストローバレ教室を開いてもよいという承諾を得たのです。そして、すぐさまクリスティーンのクラスの保護者に参加を呼びかけました。すると、三人の保護者から当日の教室開催を手伝ってくれるという協力が得られ、日本で初めてスウェーデン式の野外教室が開かれることになったのです。

妹を応援するために、私も手伝うことにしました。しかし、正直なところこの時点では半信半疑だったのです。それまで「野外教育」とはいったい何なのかということすら考えたことはありませんでしたし、私自身が子どものころは自然のなかで泥んこになって遊ぶのが日常だったので、あえて教室を開く必要があるのだろうかと心にひっかかっていたぐらいです。とはいえ、とりあえず私もボランティアの保護者の人たちといっしょに教室の準備と練習に取りかかりました。

まずは、子どもたちが野外活動をする場所を決めるための下見です。どんな場所が野外活動に適した場所かということもわからず、妹の指示に従って活動の場所を決めていきました。

そして、決まった場所をよく見てみると、かつて私がよく遊んだことのある野原や川だったのです。さらに、そこで行う活動の内容といえば、火を起こしてスープやパンをつくったり、川で魚釣りをするといったことでした。これらの遊びも、私たちの子どものころとさほど変わっていません。ですから、野外教室を行いはじめたころは、私たちの子ども時代にしていた外遊びやボーイスカウトなどの活動と何が違うのかと考えていました。

野外教室をやってみよう（写真提供：日本野外生活推進協会）

少年時代の外遊びとの違い

鴨庄小学校でのストローバレ教室は、午後一時から四時ごろまでと、午前一〇時から昼食を挟んで午後三時までという二つの時間帯で、場所を変えながら数回行いました。そのたびに子どもたちは、元気に外に飛び出していき、自然のなかでの遊びやゲームを楽しんでいました。現代の子どもたちは、田舎に住んでいても外でどのように遊んでよいかわかりません。ですから、自然体験を新鮮に感じたようです。また、先生やリーダーなどの大人たちがいっしょに遊んでくれたことがとてもうれしかったようです。

回数を重ねていくうちに、私は従来の野外活動とストローバレ教室の違いを感じるようになっていきました。慣れ親しんでいる地域の自然のなかで楽しく外遊びをするところまでは同じなのですが、ストローバレ教室の場合は、その活動のなかに大切なメッセージが隠されていることに気づいたのです。具体的に述べると、ストローバレ教室での活動のなかにはゴミや自然循環の仕組みについての話が組み込まれているのです。そしてそれらが、毎回テーマや視点を変えながら必ず出てくるのです。つまり、子どもたちは、エコロジーに関する知識や自然を大切にするといった意識が知らず知らずのうちに身に着いていくのです。

たとえば、自然のなかを歩いていて、小さな灰色のチョウであるヤマトシジミと黄色い花を咲かせる三つ葉のカタバミを見つけたとします。どちらも一般的な昆虫と植物です。しかし、ここでは、自然観察をしながらそのつながりを学んでいくことになります。つまり、ヤマトシジミはカタバミに卵を産むので、カタバミが生えているところではヤマトシジミが飛んでいるということがわかります。逆に、ヤマトシジミが飛んでいたらそこにはカタバミが生えているということになります。さらに言うと、カタバミが生えなくなったらヤマトシジミも消えてしまうということです。

このように、自然観察やゲームを通して一つ一つの植物や動物にはつながりがあって、互いに依存しあって生きているのだというエコロジーの原点を学んでゆくのです。ただ単にヤマトシジミを虫とり網でつかまえて、虫籠に入れて家に持ち帰るのとは大きな違いです。

少年時代を振り返ってみましょう。私にかぎらず、多くの方が毎日のように魚やセミを採るために川や森に出かけたり、トンボやチョウを採集しては標本づくりに夢中になっていたことでしょう。家の近所には自然があふれていて、そのなかで日が暮れるまで遊び続けていました。テレビがまだそんなに普及していなかったということもあり、家のなかにはそれほど面白い遊びはありませんでした。その代わり、外に出れば友達には会えるし、遊ぶ場所がいくらでもありました。日暮れ近くになって、母親が呼びに来てもいっさいお構いなし、という時代だったのです。

そんな自然のなかでの遊びにおいては、上級生が下級生をリードしていました。そして、遊びのなかで、上級生からさまざまな自然のルールを教えてもらいました。たとえば、魚を採るとき、どんなところに魚がいるのか、どこから追い込んで採るのが一番いいのかなどを、上級生に怒られながら学んだものです。もちろん、これらの遊びは常に上級生から下級生へと受け継がれていきました。当時、私たちは、方言ではありましたが魚の名前や虫の名前を本当によく知っていました。とにかく、自然のことには詳しかったのです。自らの体験を通して自然のことを知り、自然の空間こそがもっとも身近で楽しい友達だったのです。

現代の子どもたちからすると、まさに「野生児」とも言える私が、野外教室に出会って気づいたことがあるのです。それは、さまざまなことを教えてくれた上級生もエコロジーについては話をしてくれた人が一人もいなかったことです。ゴミについて話をしてくれた先輩がいたでしょうか。また、水は蒸発したあとに雨となって大地に降り注ぎ、田んぼの水になったり、私たちや生き物の飲み水になったり、川から海に流れて常に循環していること、生き物の世界には食べたり食べられたりする関係、つまり食物連鎖があること、そして生き物同士が互いを必要として共存していることや、「それを維持するために何をしなければならないのか」などを話してくれた大人が身近にいたでしょうか。答えは「ノー」です。

こんなこともありました。農薬が撒かれたあとに田んぼや川に行ったら、魚の死骸が浮かんで、とても嫌な思いをしました。いま思い返しても、それは単に遊び場が減ることが嫌だっただけで、撒かれた農薬がどこに流れていくのかや、魚がいなくなったら生態系にどのような影響が出るのかなどに疑問をもったことはありません。記憶しているのは、そんなときは川に行くのをやめて山に行ったことぐらいです。もちろん、農薬についての話をすることはありませんでした。

これこそが、私たちの子ども時代の外遊びと大きく異なる点です。スウェーデンからやって来た野外教室には、遊びだけでなく、自然体験をしながらエコロジーのことを学んで自然を大切にする心を育てるという、重要なメッセージが潜んでいたのです。

ストローバレ教室を実践していくなかで、さらに気づいたことがありました。それは、都会に比べれば自然が豊かだと思っていたこの市島町でも、子どもたちが十分に遊べる場所が少なくなっているということでした。私の少年時代と比べても、自然環境がずいぶん変わっていたのです。高速道路が通ったためにこのあたりの景観が様変わりし、川はコンクリートで固められ、カブトムシやクワガタが大好きなクヌギやコナラ類の木々をスギやヒノキの植林に取って変わられていました。道はアスファルトで舗装され、耕地整備や圃場整備のために畦道や用水路も一変し、ドジョウやメダカ、そしてホタルが棲みにくい環境になっていたのです。

エコロジーへの気づきをもたらす経験
（写真提供：日本野外生活推進協会）

久しぶりに帰郷した妹ががっかりした理由を、私はここで初めて心から理解しました。そして、環境問題が深刻になってきた今日だからこそ、自然の大切さを学ぶ野外教室が必要なのだということをやっと理解できたのです。恥ずかしながら、長きにわたって市島町に住んでおきながら、地域の生態系の変化を意識することがなかったのです。このストローバレ教室の経験を通して環境教育の重要さに気づいた私は、市島町の子どもたちにより良い自然環境を残していきたいと強く思うようになったのです。そのためにも、市島町の、ひいては日本の子どもたちすべてが自然を大切にする大人に育ってもらうために、いまこそストローバレ教室のような野外教育が必要だと考えるようになったのです。

ムッレ教室を市島町へ

一九八六年の夏以来、妹が夏に帰ってくるたびにストローバレ教室が開かれるようになりました。もちろん、子どもたちがそれを楽しみにしていたのは言うまでもありません。

一九九〇年の夏、帰郷早々、妹が次のように言いました。

「ストローバレ教室はムッレ教室を卒業してから進むものだから、ストローバレ教室の効果をより高めるために、日本でも保育園の子どもたちを対象とした森のムッレ教室をはじめたほうがいいと思うんだけど……ムッレ教室をどこかでできないかな」

妹の話を聞いて私は、「家の真向かいにある鴨庄保育園の園児を対象にしてムッレ教室を開かせてもらったらどうだろうか」と答えたのです。そして私たちは、すぐに鴨庄保育園の当時の園長であった西躰通子さんにお願いしてみました。

初めての試みでもあったので、保育園の門をくぐるとき、彼らの理解を得られるかどうかとても不安な気持ちになりました。ところが、西躰園長は森のムッレ教室の説明を熱心に聞いてくれて、快く私たちの申し出を引き受けてくれたのです。そして、西躰園長とともにお世話になったのが年長組の担任であった荻野尚子さんです。このときに開催した五週間のムッレ教室に協力してくれたお二人は、その後、ムッレ教室のよき理解者ともなりました。さらに喜ぶべきことに、妹がスウェーデンに帰ったあとも「ぜひ、ムッレ教室を続けたい」と言ってくれたのです。今日でも、このお二人は熱心にムッレ教室に取り組んでおり、その普及に大きな貢献をしています（一七〇ページ参照）。

この試みが成功に終わって、頼もしいサポーターを得た私たちがどれほど喜んだかは想像に難くないでしょう。このあと、妹はすぐにスウェーデンの野外生活推進協会に連絡をして、日本でムッレ教室のリーダーを増やしてゆくためのリーダー養成講座（第4章参照）を開くことができないかと打診したのです。

スウェーデンの野外教室に込められた大切なメッセージを子どもたちが学びとるためには、その手助けをする存在、つまりリーダーが必要となります。私たちの子ども時代に遊びを教えてくれた上級生や大人がそのリーダーのような存在ですが、先にも述べたように、子どもたちにエコロジーについても優しく教えられる存在でもあります。また、リーダーは、さまざまな自然現象について好奇心を掻き立ててくれて、いっしょに考えてくれるよき友達でもあるのです。

子どもたちは、自然に連れていってくれて遊んでくれるリーダーを大好きになり信頼するようになります。それだけに、リーダー自身がもっている自然への優しい思いや自然に対する考え方が子どもたちに大きく影響を与えることになります。私自身、活動を続けているうちに、子どもとの接し方や話し方に配慮が必要なことはもちろんですが、何よりもリーダー自身の自然との接し方に注意をしなければならないということ

子どもたちはリーダーの姿を見て成長する（写真提供：日本野外生活推進協会）

に気づきました。

子どもたちは、リーダーの行動をよく見ていて真似をします。リーダーが環境に配慮する行動をとることで、子どもたちは無意識のうちに自然への思いやりを学んでいくのです。それには、自然が大好きなリーダーがいて、自然や環境に対して配慮できる人物が必要だということがわかりました。このようなリーダーを一人でも多く育成して、市島町でムッレ教室を開こうと、このときに決断したのです。

3 森のムッレ教室を日本中に広めるために

日本野外生活推進協会会長
高見　豊

一億円が市島町にやって来た！

初めて行った森のムッレ教室の成功を受けて私は、ムッレ教室を市島町に根付かせて、さらには広く日本中に普及したいと考えるようになりました。そのためには、まず拠点となるしっかりとした組織が必要です。そこで、スウェーデンの野外生活推進協会と妹の協力を得ながら「日本野外生活推進協会」の設立をしようと考えたのです。そして、すぐさまその設立に向けて動き出したのですが、その出発を支えてくれたのが「ふるさと市島未来塾（以下、未来塾)」という地元の若者たちによって構成されている団体でした。

未来塾の説明をするためには一九八九年に遡る必要があります。当時、竹下登首相のもとに内閣が形成されていました。その内閣の政府施策として、全国の地方自治体に「ふるさと創生資金」(1)として一億円が配られました。この一億円が、兵庫県の小さな町である市島町にもやって来たのです。この資金の受け皿として町当局は、一九八九年、一般公募で集めたメンバーと地域の各種団体の代表からなる「市島町ふるさと創生委員会」を立ち上げましたが、結局、この委員会は、その用途について一年間にわたって協議を重ねたものの結論が出ないまま解散となってしまったのです。つまり、ふるさと創生資金の一億円は、使い道のないまま町当局に投げ返されてしまったわけです。

ただ、幸いにしてこの委員会は一つの答申を残してくれました。その答申とは、ふるさと創生資金を短期間の単発の事業にあてるのでなく、継続的で、計画的な町おこし事業を行うための組織を設立して運用してゆくべきだ、というものでした。そこで町当局は、一九九〇年二月、町内の若者が中心となって活動し続けている団体の代表を集めることにしたのです。そして、

---

(1)　一九八八年から一九八九年にかけて全国の市町村に対し、一律一億円を交付税措置したもの。正式名称は「自ら考え自ら行う地域づくり事業」であり、市町村が自主的・主体的に実施する地域づくりへの取り組みを支援することが目的であった。

当時四五歳未満の事業者からなる「ロイヤルクラブ」の会長をしていた私にも、そのときに声がかかったのです。

最初は、五人からのスタートでした。早速組織づくりに着手し、協力してくれそうな地域の若者を探してメンバーを一〇人にまで増やしました。そして、その年の四月に「ふるさといちじま未来塾」を発足させ、市島町の現状と将来のビジョンを七か月間かけて研究分析し、活動の柱とすべきコンセプトについて徹底的に話し合いました。

そして、私たちが最初に気づいたのは、一億円というと大きな額には聞こえるが、公共施設などを建設するハード事業となると小さいという、中途半端な額だということでした。そこで考えついたのが、ソフト事業であればそれほど大きな資金をかけなくても十分な事業ができるのではないかということでした。つまり、一億円の利子（当時年間約四〇〇万円）を利用して若者の夢がかなえられるようなソフト事業を提案して実行していこうと決めたのです。私たちは、早速、コンセプトの形成や具体的なプロジェクトの選定のために調査や研究に着手しました。そして、できあがったコンセプトが「自然と文化を活かした町づくり」です。一九九〇年一二月、未来塾はこのコンセプトに基づく事業計画を町長に報告しました。

このころには、未来塾のメンバーは三五人となっていました。純粋で熱気に満ちあふれ、二一世紀を目前にして、町のために何かをしたい、町づくりに参加したいと心から思っている人たちで結成された集団は、全国を見回してもそうはなかったと自負しています。決まるまではとことん議論をするけれど、一度決まれば全員が結束して迅速に行動する。重要な議題は素早く結論を出して、自らが出資してでも実行に移すという、何一つ見返りを求めない本当にすばらしい集団だったのです。

ムッレ教室をふるさと未来塾の事業に

ふるさと未来塾のメンバーは、市島町を夢のある町にするためにさまざまな提案を出し合いました。そこで私は、「森のムッレ教室」こそこの事業にふさわしいと考え、詳しい説明を添えて提案しました。メンバーによる協議の結果、この提案は次に挙げる八つの事業の一つとして取り入れられたのです。

❶森のムッレ活動を支援する
❷あぜみち交流青少年国内外派遣をする（異文化交流）
❸山の有効活用と有機農業の啓蒙
❹三ツ塚史跡（古代の寺院跡）など文化財産を活かす
❺四季のわかる市島の提案
❻名水への親しみ、四つの造り酒屋を有す町をＰＲする
❼町出身者組織づくり
❽川のなかから川をとおして町を考える

もちろん、「森のムッレ教室」の事業が、最初からスムーズに市島町全体に受け入れられたわけではありません。地域のキーパーソンとなる方々に理解をしてもらい、支援をしてもらうようになるまでにはさまざまなプロセスがありました。

一例を挙げると、当時の吉田市島町長とのやり取りがあります。町長は、「町の資金を使うなら議会で説明して欲しい」と言ったのです。そこで私は、「議員全員協議会」や「総務委員会」に足を運び、ムッレ教室の内容や特徴などについて精いっぱい語りました。しかし、初めはなかなか理解してもらえませんでした。

ところがあるとき、「議員全員協議会」で私が自然循環の話をしている最中に、町長が突然「わかった！」と声を上げたのです。そのあと、町長はこう続けました。

「私はもう七〇歳を過ぎている。子どものころには十分すぎるくらい自然のなかで遊び回っていた。夏休みには、昼寝をせよと言われても、言うことを聞かんと川に行って泳いだり山に行って、セミを採ったりしていた。その採り方も、上級生から教えてもらって達人並みにまでなった。だけど、いま説明してもらった自然循環の話は、親も上級生も学校の先生もしてくれなかった。自然の循環のなかに私たちも生きていて、私たちの行動は自然に影響を及ぼしているというようなことは聞かなかった。

私は町長になっていろいろな政策をやってきたが、もう少し早く、自然の循環を理解していたら、護岸工事のやり方ももう少し変わっていたかもしれない。魚が棲めるような川、子どもが遊べるような川になっていたかもしれない。自然のなかで十分に遊んでいれば、それだけでいいのではないということがやっと分かった」(高見豊「日本におけるスウェーデンの環境教育の展開」文部科学省科学技術政策研究所、二〇〇六年より引用・要約)

私がムッレ教室を知った当初に感じたことを、町長もまた気づいてくれたということに、どれほどの喜びを覚えたかは言うまでもありません。そして、これがきっかけとなって町ぐるみでムッレ教室がはじまることになったのです。

日本で初のリーダーが誕生

未来塾のメンバーは、事業ごとに担当理事を決めて自主的に行動し、推進することを決めました。もちろん、私は提案した以上「森のムッレ活動の支援事業」を担当しました。それぞれ予算が決まった未来塾の八つの事業は一九九一年の年明けにスタートしたのですが、そのなかでもムッレ教室はもっとも早く動き出しました。

市島町の子どもたちがムッレ教室に参加するためには、まずそれを実践できるリーダーが必要となります。そこで、ムッレ教室の支援事業は、リーダーを育てるための養成講座を開催することからはじめることにしたのです。

一九九一年七月一〇日から二八日にかけて、「第一回森のムッレ教室リーダー養成講座」が開催されました。講師はスウェーデンから帰国した妹が務め、その裏方を未来塾のメンバーが務めました。また、ちょうど日本での国際会議に出席するために来日していた、スウェーデンの野外生活推進協会リディンギョ支部のムッレ教室のリーダーで保育士でもあるマリー・カッセル（Marie Cassel）さんも協力してくれました。彼女は、森の妖精であるムッレに扮して登場し、二三人の参加者にその手法を伝授してくれました。自然観察の講師は、地元の「丹波自然友の会」の会員の方々にお願いし、野外食づくりは未来塾のメンバーが行いました。試行錯誤で行われた初めての養成講座でしたが、何とか無事に終了して、日本で初めてのムッレ教室のリーダーが市島町に誕生したのです。妹が一九九〇年七月に鴨庄保育園で最初のムッレ教室を開いてから一年後のことです。

そして、翌年の一九九二年、再び未来塾の主催で「第二回森のムッレ教室リーダー養成講座」の開催が決まりました。このときは、講師として、妹だけでなくスウェーデンからマグヌス・リンデさんとシーブ・リンデさんを招請することにしたのです。さらにこのとき、「日本野外生活推進協会」を立ち上げるための計画が同時にスタートしました。私たちは協会の規約を策定して役員を選考し、第二回リーダー養成講座の最終日に設立総会を開催することを目指して着々と準備を進めました。

二回目のリーダー養成講座には予定を上回る三二人が参加してくれました。ムッレ教室が初めて開催されてから二年しかたっていないにもかかわらず、その関心の高さを感じさせるには十分な人数でした。未来塾のメンバーとともにムッレ教室のリーダーの一期生らの協力で、このときも大成功に終わりました（リーダー養成講座の詳細は次章にて詳述）。

日本野外生活推進協会の設立

「第二回森のムッレ教室リーダー養成講座」の最終日である一九九二年七月二六日のことは、いまでも鮮明に覚えています。この日、養成講座の修了式と同時に日本野外生活推進協会の設立総会が開催され、リーダー養成講座の受講生、スウェーデンからのリンデ夫妻、そして未来塾のメンバーの同席のもと、念願としていた「日本野外生活推進協会」が誕生したのです。未来塾の支援を受けてムッレ教室がスタートできたことは、日本野外生活推進協会の活動を後押ししてくれる追い風となったのです。

しかし、協会の設立は未来塾からの独立をも意味していました。未来塾の事業は、軌道に乗るとそこから独立することになっていたのです。ムッレ教室の事業が二年目にして独立できたことは、誰にも予想できなかった早さでした。

設立当初、私たちは熱く理想に燃えていました。これからやっていきたいこともたくさんあるし、活動に必要とする備品も収集しなければなりませんでした。しかし、歩きはじめたばかりの協会には資金も十分ではなく、何もかもが持ち寄りと手づくりという状況で運営していかなければなりませんでした。さらに、独立した以上は町役場に事務局を置いておくわけにはいきません。そこで、私の経営する工場の二階の一室を協会の事務所にしました。

この状況を見かねたのか、町当局が私たちに助け舟を出してくれたのです。翌年から、年間五〇万円の支援を受けることができるようになりました。決して大きな金額ではありませんが、立ち上がったばかりの協会にとってはとてもありがたいものでした。それに、この市島町からの支援は二〇〇一年まで続いたのです。

こうした地域ぐるみの支えがあったからこそ、森のムッレ教室が市島町で生まれて育まれていったと言えます。また、順調に活動を続けて少しずつ成長していく日本野外生活推進協会に愛称をつけたいという要望が会員内から聞かれるようにもなりました。つまり、それだけ活動が活発化したということです。

そこで私たちは、その愛称を「森のムッレ協会」としました。なぜこうしたかというと、「日本野外生活推進協会」だけでは長くて覚えづらいし、ムッレとイメージが結びつきにくい、またムッレ教室を中心に活動していくので「ムッレ」という名前を表に出したいという意見が多かったのでこの愛称になったのです。

4 スウェーデンとの交流を重ねて

日本野外生活推進協会会長
高見　豊

日本のムッレ教室のリーダーがスウェーデンへ行く

発足したばかりの「森のムッレ協会」にとって、本国スウェーデンから少しでも多くのことを学ぶことは、組織力を高めるという意味においてもとても重要なことでした。第二回リーダー養成講座のために来日してくれたマグヌス・リンデさんとシーブ・リンデさんが、今度はスウェーデンにおいてより高度な野外活動について教える、上級者のためのリーダー養成講座を私たちのために開講してくれることになったのです。研修の期間は、日本野外生活推進協会が発足した日から一か月ほどたった一九九二年八月二〇日から九月一日までとなりました。早速、第一期生のなかから有志を募り、スウェーデンへの訪問団を結成しました。「百聞は一見にしかず」、本場で森のムッレ教室のノウハウを学ぶことができることになったのです。

八月二一日、私たち一行はスウェーデンの首都ストックホルムのアーランダ空港に降り立ちました。メンバーは私のほかに、保育園の園長二人、保育士三人、小学校の先生二人、高校の先生一人、主婦三人の計一二人で、みんなスウェーデンは初めてでした。そして、到着した翌日からリーダーの上級講座がはじまりました。ストックホルム郊外リディインギョの森のなかで、午前中はシーブ・リンデさんから自然観察の指導を受けました。そして、その日のランチは、スウェーデンの野外生活推進協会から私たちに贈られた歓迎パーティーとなりました。スウェーデンならではの、野外食でのおもてなしはいまでも忘れられません。

ちょうど、講座が午後のプログラムに入ったときです。待ちに待ったムッレが森のなかから登場しました。なんと、このムッレに扮したのは、森のムッレ教室の創始者であるヨスタ・フロムさんだったのです。スウェーデンでの「森のムッレ」との出会いは、創始者との出会いでもありました。彼の大きな声や歌、ぐいぐい引っ張っていくような強烈な指導力、そして常に自分のペースを崩さない「元祖ムッレ」は自信に満ち溢れていて、とても八五歳とは思えないパワーを発していました。このヨスタ・フロムさんからじきじきに、私たちはムッレの登場の場面をどう演出するかなどのノウハウを伝授してもらったのです。

翌日、スウェーデンの野外生活推進協会の本部から来た講師に自然観察の仕方を習いました。スウェーデンの草花や樹木、昆虫や地衣や苔や水生昆虫などの名前は、当然のごとく日本とかなり異なっていました。そのうえ、言葉がわからないという状況にもかかわらず、彼女は子どもたちを自然に導いていく自然観察の方法の極意を私たちに伝授してくれました。

この日も、ヨスタ・フロムさんが扮するムッレが登場しました。そして、ムッレが森のなかに呼びかけると高山の妖精であるフィエルフィーナと川の妖精ラクセが登場しました（三四ページ参照）。みんなといっしょにゲームを楽しみながら「自然を大切にしよう」というメッセージを残して森のなかに去っていくまでの少しの時間、私たちは童心に返ってファンタジーの世界に浸たりきっていました。

この研修旅行は、スウェーデンで行われたスウェーデン講師による初めての上級者のためのリーダー養成講座でした。創始者であるヨスタ・フロムさんをはじめとして、ムッレ教室の普及の第一線で活躍している講師陣から指導を受けられたことは、私たちにとって大きな自信につながりました。このときに教わったリーダーとしての心得や自然のなかで学んだ体験がいまでも私のなかに生きていて、私自身の考え方や指導方法に大きな影響を与えています。さらに、この研修旅行に中心となって協力してくれたリンデ夫妻との再会は、日本野外生活推進協会との関係をより密接なものにしました。そして、このスウェーデン訪問の間に、リンデ夫妻が率いている野外生活推進協会のリディンギョ支部と日本野外生活推進協会は姉妹提携を結ぶことにもなりました。

この年以来、この研修旅行には毎年一〇数名ずつが参加するようになり、シーブ・リンデさんが設立した「ムッレボーイ保育園」などを見学したり、ムッレ教室での教育法について学んでいったのです。そして、二〇〇四年には、リンデ夫妻と妹幸子の協力を得て、野外保育園を見学するだけでなく実際に保育園でリーダーとなって子どもたちに接する実地研修を取り入れるまでになりました。日本のリーダーたちも、どんどんと力をつけていったのです。

ムッレの創始者が市島町にやって来た

一九九四年五月のことです。創始者のヨスタ・フロムさん、ムッレ教室の開発を手伝ったスティーナ・ヨハンソンさん、そして野外生活推進協会本部でムッレ教室の担当役員を務めているグン・ヤコブソン（Gun Jakobsson）さんの三人が、日本野外生活推進協会の取り組みを視察するために来日することになりました。三人ともスウェーデンのムッレ教育の最高指導者なので、かなり緊張したのをいまでも覚えています。私たちは彼らに日本における活動を見てもらい、今後、日本の協会がどのように歩んでいくべきかの示唆を受けたいと考えていました。そこで、まずは日本におけるムッレ教室のリーダー養成講座を見てもらうことにしました。その際、厚かましくも、フロムさん自身にも講師としても参加してもらいました。

ヨスタ・フロムさんは自分の開発したムッレ教室に生涯を捧げてきたということもあり、ムッレの存在をとても大切にする人でした。教室のなかで歌われるムッレの歌もすべて彼自身が作詞作曲したものだし、八〇歳をすぎてから宇宙の妖精ノーヴァ（三四ページ参照）をつくり出したほどです。その意欲と情熱、そして才能は、誰にも真似をすることができないものでした。彼の若いころの写真を見たことがあるのですが、いつもウクレレやアコーデオンなどの楽器を持ち、歌を唄ってはみんなを楽しませていたようです。日本に来たときも、歓迎会のときに歌を唄ってくれました。リーダー養成講座ではアコーデオンを貸してほしいと言われ、慌てて用意したぐらいです。彼がアコーデオンを弾きながらムッレの歌を唄ってくれたのを、いまも覚えています。

スティーナ・ヨハンソンさんは、幼児教育と環境教育を融合させてムッレ教室の教育方法を体系的に築き上げた人です。ヨスタ・フロムさんが父親とすればスティーナ・ヨハンソンさんは母親といったところでしょうか。彼女は、まだ幼い子どもたちにどのようにしてわかりやすく自然について伝えていくかを、理論と実技を通して具体的に教えてくれました。そして、グン・ヤコブソンさんからは具体的な教育方法を学びました。この三人の来日によって私たちメンバーはさらに多くのことを学び、大きな収穫を得ることができたのです。

アコーディオンを片手にムッレの歌を唄うフロムさん
（写真提供：日本野外生活推進協会）

スウェーデンから来た三人には、市島町でムッレ教育を取り入れている吉見保育園で実際にムッレ教室を行っている様子を見学してもらいました。私たちの活動の成果を見てもらう機会でもあるので、とても緊張したことは言うまでもありません。嬉しいことに三人からは、「子どもたちが十分に楽しめるようなプログラムとなっていて、理想的なムッレ教室である」という評価をもらうことができました。私たちの活動がまちがいのない確かなものであることが認められ、日本野外生活推進協会の今後の活動における大きな自信ともなりました。

視察の最後に、ヨスタ・フロムさんは次のように言いました。

「実は、ここに来るまで、日本の野外生活推進協会がこんなにしっかりとした活動を行っているとは思わなかった。いまとなっては、そう思っていた自分が恥ずかしい。今後は、安心して君たちに日本のムッレ教室のすべてを任せたい」

このときのことは、いまでもはっきりと覚えています。彼は、このあと大きな手を私の両肩に乗せ、目を覗き込むようにして私に語りかけたのです。

「これからはおまえに大きな責任を負わせることになるが、日本のムッレ教室の全責任を任せる。だから、しっかりとムッレ教室を守っていってくれ」

この言葉を受けて、私たちは日本でムッレ教室の商標登録を取得することを決意しました。その後、手続を経て、二〇〇五年一月に「森のムッレ教室」は正式に登録をすませたのです。

彼らが日本を去る前日の五月九日の夜、お別れ会を開きました。そのとき、ヨスタ・フロムさんは、長年にわたってムッレに扮するときに愛用してきたムッレのおやつを入れる小さな皮袋をプレゼントしてくれました。八六歳という高齢であることから、このプレゼントが何を意味するのかは私たちには十分わかっていました。彼が、再び日本に来れることはないかもしれません。この皮袋を受け取るということは、彼の遺志を受け継ぐことにもなるのです。私たちは、活動を認めてもらったという喜びと同時に大きな責任を感じました。

ムッレ教室の日本での広がり

市島町という人口わずか一万五〇〇〇人ほどの小さな町からはじまった森のムッレ教室は、スウェーデンからの多大な支援と期待を受けて成長し、三年目を迎えるころには町外へも広がり、リーダーの数も増えていきました。

森のなかの自然を使ったゲーム（写真提供：西躰通子）

リーダー養成講座を受けると自動的に協会の会員となるのですが、受講生が増えて会員数が増えてくると次第にスタッフの仕事も煩雑になってきました。そこで、協会の組織を本部と支部の役割に分けることにしました。ちなみに、本部の役割は以下のようにしました。

●全国に向けてメッセージを発信すること。
●リーダー養成講座やリーダーのスキルアップを図るための研修を開催すること。
●スウェーデンの野外生活推進協会との情報交換を行うこと。
●備品管理など、ムッレ教室を円滑に運営するための整備をすること。
●教材となる書籍を出版すること。

一方、支部は、地域で実際にムッレ教室やストローバレ教室、クニュータナ教室を行うリーダーたちが互いに連携しながらプログラムを立て、自主的に教室を運営していきます。また、その活動に必要な教材を購入したり、教室の参加者が保険に加入する手続きを行ったり、地域のリーダー会を開いて各教室がうまく運ぶよう支援をしていきます。ときには、リーダーのための実践的な研修会や勉強会も開催します。

現在、市島町、篠山市、小野市、新潟県、岐阜県、神奈川県、北海道に支部があり、さらに、鹿児島県、愛知県、長野県、そして韓国でもムッレ教室が実践されています。これらの支部については、巻末の「付録・日本野外生活推進協会のご案内」をご覧ください。

第 4 章

森のムッレ教室はリーダーになることからはじまる

——リーダー養成講座とは

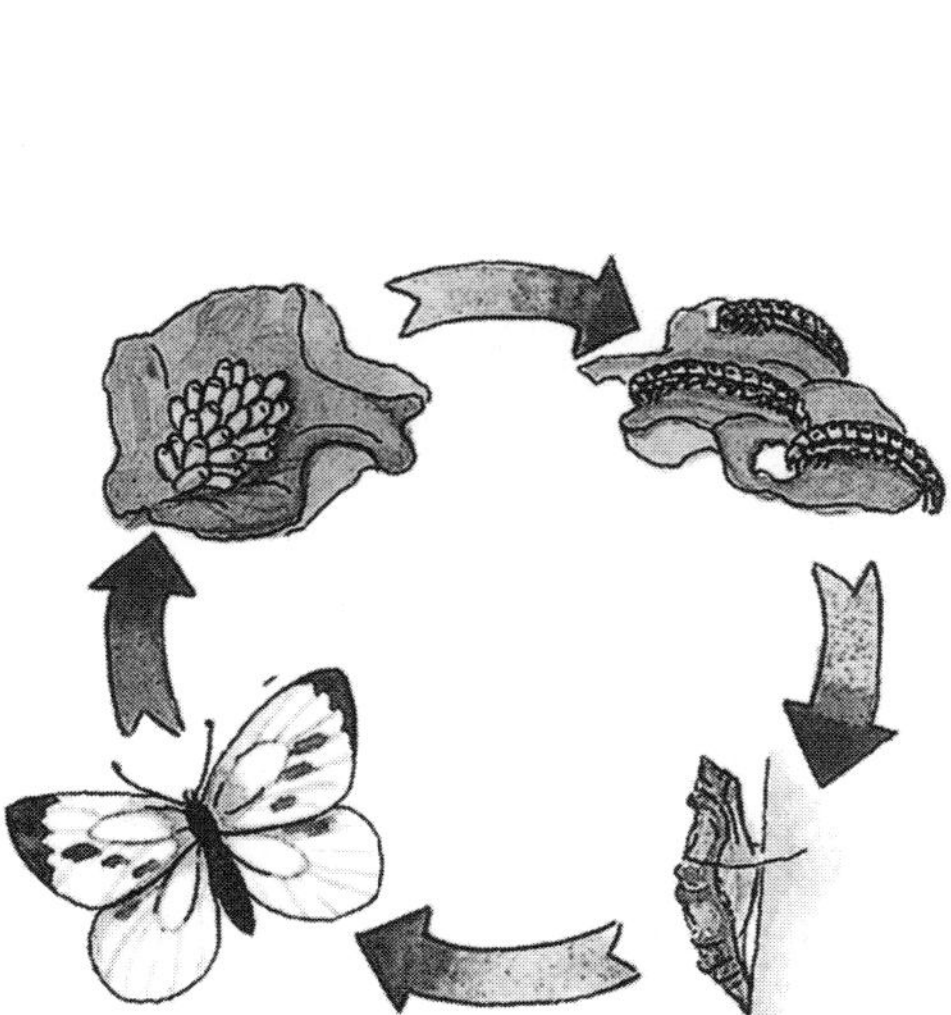

©Eva Rönnblom

「自然を大切にしよう」というメッセージが込められていること、それが森のムッレ教室の大きな特徴です。そして、このメッセージを野外活動を通して伝えていくのが「リーダー」の役割です。そのため、リーダーこそが、ムッレ教室になくてはならないキーとなる存在なのです。では、リーダーになるためにはどうすればいいのでしょうか？

このリーダーとなる人材を育てるのが、日本野外生活推進協会が開講する「ムッレ教室リーダー養成講座」です。二日間のプログラムからなるこの講座を修了すると、ムッレ教室のリーダーの資格を修得することができ、各地で子どもを対象にムッレ教室を開くことができるのです。

「子どもと自然が大好き」という方であれば、誰でも受講することができます。また、この講座では、エコロジーに関する知識や子どもの発達についての理論を学ぶだけでなく、実際に自然のなかへ入り、自然観察やゲームを実践したり、森のムッレと出会ったりすることができるのです。ですから、受講生一人ひとりが、自然に触れ合い、ワクワクする体験をすることができ、ムッレ教室そのものを楽しむことができるのです。私自身もこの講座を受けたことがありますが、幼少のころに親しんできた草花の名前を思い出したり、新しい遊びを仲間と創り出したりして、あっという間に二日間のプログラムが過ぎてしまったのを覚えています。

毎年、多くの人々が、週末を利用したり、職場の研修として取り入れたりしてこのリーダー養成講座に参加しています。そして、第一回目の養成講座から一七年たった今日までに、一三〇〇人近くのリーダーが生まれています。現在も日本野外生活推進協会は、兵庫県丹波市市島町で開催される定期的なリーダー養成講座のほか、保育園・自治体・大学・NGO・NPO・企業などのさまざまな団体の依頼に応じて各地で講座を開講しています。

なかでも、日本の保育園で最初にムッレ教育を取り入れた鴨庄保育園の当時園長であった西躰通子さんは、これらの「ムッレ教室リーダー養成講座」を主催する中心的な人物の一人です。西躰さんは、現在、神戸・ポートピア保育園長を務める傍ら、日本野外生活推進協会のリーダー養成講座の担当役員として活躍しています。会長である高見豊さん、副会長である足立邦明さんとともに、リーダー養成講座の講師として全国を飛び回っています。

また、西躰さんは、これまでの園長としての経験を生かして、保育園の関係者たちにムッレ教育の素晴らしさを語ってきました。第5章において紹介するように、西躰さんのお話からムッレ教育に興味をもって実際に取り入れたという保育園も多々あります。

本章では、西躰さんに、ご自身のムッレとの出会いとスウェーデンの保育園を訪れた際の体験記、そしてリーダー養成講座の内容と、これからリーダーになってみたいという方のためにリーダーとしての心得を語ってもらうことにします。

1 森の国スウェーデンに学ぶ

日本野外生活推進協会理事
（元鴨庄保育園園長・現旗塚保育所園長）　西躰　通子

森のムッレとの出会い

私が初めて「森のムッレ教室」を体験したのは、いまから一七年前の一九九〇年のことです。当時、私は市島町の鴨庄保育園に園長として勤務していました。保育園の向かいに実家を構える高見幸子さんがスウェーデンから里帰りした折、ムッレ教室について彼女から話を聞いたのがはじまりでした。

鴨庄保育園は、近くに山あり、川あり、田んぼありの、自然環境に恵まれた申し分のないロケーションにあります。地域全体がまるで保育園の園庭のようで、これまでにも子どもたちをたびたび園外に連れ出しては散策をしていました。ところが、高見幸子さんが紹介してくれたムッレ教室のプログラムは、子どもたちを野外に連れ出して単に草花を摘んだり、木の実を拾ったりという目先の活動だけにとどまりませんでした。自然界に生息しているさまざまな生き物や植物を発見して観察したり遊んだりしながらそれらと対話をして友達になる、つまり子どもが自然との友情関係を結ぶことによって、生き物への思いやりの気持ちや自然そのものを大切にしようという気持ちを育むという大きな目標をもっていたのです。

初めてその活動を目の前で見てその素晴らしさを体感した私は、すぐに「ムッレ教育」の理念に共感し、早速保育のなかに取り入れて実践をはじめました。そして、実践を繰り返しているうちに、一度はムッレの故郷であるスウェーデンを訪ねてみたいという思いがだんだんと強くなっていました。それから二年後の一九九二年九月、遂に、幼児教育の研究者約二〇名とともに機上の人となったのです。

森の国スウェーデンの子どもたち

憧れとなったスウェーデン、森の妖精ムッレのふるさとを一度自分の目で確かめたいという願いが叶いました。大きな期待に胸をふくらませてやって来たスウェーデンは、想像以上に素晴らしい国でした。本当に妖精たちが棲んでいるのではないかと思わせるほどの美しい森と、その森を鮮やかに映しだす静かな湖が見事に調和した、自然美にあふれる平和な国でした。

到着して真っ先に訪問した保育園はリディンギョ・コミューンにある「ムッレボーイ保育園」で、園長のシーブ・リンデさんや保育士さんたち、そして高見幸子さんとシーブさんの夫であるマグヌスさんの温かい歓迎を受けました。二週間という決して長くはない滞在ではありましたが、その間に保育園の子どもたちと体験したムッレ教室はいまでも忘れることのできないほど感動的なものとなりました。

まず初めに驚いたのは、現地の子どもたちといっしょに森に入ると、足元には野生のブルーベリーやコケモモが実をたくさんつけていたことでした。さらに、子どもたちはそれを摘んでは頬張りながら歩いていくのです。そして、少し先に行くと、絵本でしか見たことのなかった大きくて鮮やかなベニテングダケが目の前に現れました。このとき、私は思わず「すごーい！」と歓声を上げてしまいました。子どもたちはといえば、倒れた木を見つけるとよじ登ったりぶら下がったりしてスリルのある遊びを展開しています。それ以外にも、湖畔の広場では、鬼ごっこやゲームなどを楽しみながら、岩陰でおやつのリンゴをかじって半日を森のなかで過ごすのです。

このリンゴは、日本のスーパーの店先などでよく見かける、大きくて真っ赤で蜜の入った甘いリンゴではありません。むしろ

大きくて真っ赤なベニテングダケに遭遇（写真提供：西躰通子）

それとは対照的な、青くて、少し赤みを帯び、ちょっと堅めで歯ごたえのある小ぶりのものです。それをまるごと皮のままかじるのです。

「あー、そういえば、昔、こんなリンゴを食べたっけ……」と、素朴な味わいに郷愁を感じました。格好よく美味しく改良されたリンゴに慣れてしまっている私にとって、このリンゴは大いなる刺激となりました。収穫時期がいつだったかを忘れてしまった野菜や果物のことを、もっと意識しなければと……。

スウェーデンでは、農薬や化学肥料をできるだけ使用しないようにしているので、市場に並ぶ果物や野菜は、格好はいま一つですが、土の匂いや自然の香りを感じさせるものばかりです。つまり、消毒をしないリンゴの木には自然のサイクルが息づき、虫も鳥も集まって人間と食卓をともにすることが許されているのです。自然のままをモットーに、守るべきものを守り続けているスウェーデン人の賢い生き方に示唆を得る旅にもなりました。

いま、ムッレボーイ保育園をはじめとするスウェーデンの保育園において中心課題となっていることは、いかにして保育のなかで子どもたちが自然に親しむかということです。そのため、私たちが訪問した多くの保育園でムッレ教室が実践されていました。幼いときに自然に触れて親しみ、ムッレのメッセージを心に受け止めた子どもたちであれば、やがて大人になって人間と自然との共存の意味を理解することでしょう。

スウェーデンの子どもたちは、自然を愛し、自然を守る思想を心の奥に身に着け、よき地球人としての生き方を見つけるであろうことを確信して今回の訪問を終え、黄葉の美しいスウェーデンをあとにしました。

「エッペルブー保育園」を訪ねて

「もう一度行ってみたい！」という願いが叶い、一九九五年六月の初旬、再びスウェーデンを訪れました。六月のスウェーデン。長い冬から解放された北欧の自然は一気に初夏を告げ、マロニエ、ライラック、リンゴの花が美しく咲き揃い、足元にはタンポポや一輪草が可憐な花をつけていました。

視察先に関する手配は、再び高見幸子さんにお願いし、いくつかの保育園を訪問することができました。最初に案内してもらったのは、「エッペルブー（Äppelbo Förskola、林檎の木の家）」という保育園でした。ここは、リディンギョ・コミューンの住宅街にある公立の保育園で、緑の木々に包まれて周囲の芝生に美しくマッチしているカラフルで明るい雰囲気の保育園でした。園庭も保育室も、とにかく一人当たりの面積が日本の大多数の保育園とは比較にならないくらい広くて、目的や機能別にたくさんの部屋があることをうらやましく思いながら見学をして回りました。

まず、保育園の玄関を入るとクロークがあって、そこには子どもたち一人ひとりの合羽とズボン、長靴が用意されていました。このように服装の準備を整えておくことで、雨や雪など急な天気の変化にも対応でき、常に戸外で遊びを続けることができるのです。そして、食事をとるためのダイニングルームがあります。そこにはキッチンもあって、保育士自らが食事を取り分けたり盛り付けしたりして、まるでお母さんが食事を用意してくれているような雰囲気です。そのほかにも、スウェーデンの一般的な保育園にはお昼寝のために部屋には簡易なマットが敷かれていて、一人ひとりのスペースが確保されています。個々の眠りのリズムを大切にしている様子が伝わってきました。

また、静かに一人で絵本を読むための「絵本の部屋」、図鑑や観察道具のそろった科学の部屋、鋸から金槌などの工具が揃っている大工仕事の部屋などが用意されているところもあり、それぞれの部屋で保育士

クロークには外で遊ぶための服が備えてある（写真提供：西躰通子）

と子どもたちが時間を共有しています。ある保育園では、ギターを抱えた保育士の周りに一〇人余りの子どもが集まって唄を楽しんでいました。スウェーデンの保育園は、どの部屋もテーブルや椅子、ソファやカーテンなどの家具が家庭的で、子どもたちが安心して過ごせる、温もりの感じられる部屋のつくりでした。

エッペルブー保育園の園長であるレーナ・リンダール（Lena Lindahl）さんは、「わが園には、特徴的な実践活動があるのです」と、誇らしげな表情で次のような話をしてくれました。

「まず一つは、生ゴミを堆肥にするコンポストを行っていることです。園庭には三段階のコンポスト器を設置して、生ゴミを完全に処理しています。そして、生成した堆

調理室から出る生ゴミやランチの残りはコンポスト器へ（写真提供：西躰通子）

肥で花や野菜を栽培し、子どもたちが自然の循環を日々の生活のなかで学ぶようにしているのです。また、保育園には一流のレストランで修行を積んだ調理師がおり、美味しくて栄養の豊かな食事を子どもたちにつくっています。コンポスト器を完全に機能させるためには、インスタントやレトルトの食品を使わずに原材料から調理していくことが大切なのです。もちろん、それが子どもの成長にとってよい影響を与えることは言うまでもありません。環境意識の高い人間に育てるためには、幼いときから身の周りの環境に深くかかわる生活をすることが大切なのです。ですから、私の園では環境対策に積極的に取り組むようにしています」

さらに、リンダールさんは続けます。

「今年からは、新しい掃除の方法を考え出しました。たとえば、近ごろアレルギーの子どもたちが増えてきたこともあるので、掃除の際に消毒剤や洗剤など化学薬品をできるだけ使わないように心掛けています。また、資源を大切にする心が育つように、床などを洗う場合はホースで水を流しっぱなしにして洗うのではなく、なるべく雑巾で汚れを拭き取るようにしています」

エッペルブー保育園は、リディンギョ・コミューンにある二四の公立保育園のなかでも一番評判のよいところで、入園の希望者が多く、この年の八月からは定員枠を広げようと計画されているところでした。環境意識の高い人間に育ってほしいという、将来を見通した目標に向かって努力しているエッペルブー保育園、そして、そんな保育園にわが子を入園させたいと思う親たちの姿勢を目のあたりにしたのです。自然を守っていこうとするスウェーデンの人々の、子どもへの大きな愛情に感動する視察となりました。

チャーミングでエコロジカルな園庭

スウェーデンの保育園をいくつか訪ねていくうちに、「チャーミングだなあ」と思わず感動の溜息をもらしたことがあります。この理由の一つとして園庭の姿があります。樹木や地面の起伏などをそのままの自然を活かしながら園庭が設計されているのです。多くの保育園の園庭には野生の樹木が繁り、芝生や雑草が緑のじゅうたんのようになっています。また、小高い丘の斜面を生かし

自然の起伏を生かして造られた滑り台（写真提供：西躰通子）

て滑り台を取り付けるところも多く、子どもたちは上るときには芝生の坂道をよじ上り、下りるときは滑り台の斜面を滑ってくるのです。そして、園庭の木々や草花には鳥や虫たちが集まってきて、まるで子どもたちとの対話を楽しんでいるようです。こうした園庭にいると、自然の林のなかか深い森のなかにたたずんでいるような錯覚にとらわれます。動物や植物の営みを決して邪魔することなく、子どもたちの生活環境に取り入れている保育園の姿は本当に美しいものでした。

こうした環境で一日を過ごす子どもたちは、木に登ったり、落葉や木の実を拾って遊んだり、虫取りや花摘みにも余念がありません。スウェーデンは、一年のうちの半分は冬で、雪に閉ざされる生活となります。ですから、残りの半分は春、夏、秋の自然の恵みを満喫できるように、保育園の園庭も子どもたちにとって魅力たっぷりの遊びの空間になるように工夫されているのです。子どもたちは自然と対話し、木や草花の成長を五感で確かめ、遊びながら身近な自然によってエコロジーを学ぶことができるのです。

では、日本の保育園や幼稚園の園庭はどうでしょう。多くの園庭が、小学校の運動場を模倣しただけのグランドではないでしょうか。そもそも学校のグランドは、全校生徒が集合したり、体操をしたり、運動会をするという目的のもとに造られています。保育園や幼稚園がそれを真似てグランド方式を取り入れたわけですが、平坦でただ広いだけの空間は年一回の運動会では大きな役割を果たすかもしれませんが、普段の子どもたちにとってはそれほど魅力のある存在とはなりません。

型通りに設計された園庭から生まれてくる遊びには限界があります。子どもたちは、本当は「でこぼこ」や「隅っこ」や「溝のなか」が大好きです。そこは、保育者の目を盗んでいたずらをするのに都合がよかったり、モノを隠したり、隠れん坊をしたりするスリルも味わえるという、冒険心をくすぐる遊びが繰り広げられる場所なのです。

また、植物の多い園庭ではさまざまな小さい虫が生息するので、それを集めているうちに「虫博士」が誕生したり、土の多いところでは土団子づくりの名人が生まれたり、木登り達人がいたりと、それぞれの遊びのなかで自分の個性を伸ばして自分の好きなものを発見し、共通の思いをもつ友達を見つけてその輪を広げていきます。

園庭にはお絵描き用のテーブルも（写真提供：西躰通子）

自然が少なくなり、環境が悪くなる一方の私たちの地球。せめて子どもたちには、花や緑に囲まれた自然がいっぱいの、見るからに「チャーミングな園庭」を私はプレゼントしてあげたいと思ったのです。

2 森のムッレ教室のリーダーを育てよう

日本野外生活推進協会理事
（元鴨庄保育園園長・現旗塚保育所園長）西躰　通子

ムッレ教室の原動力「リーダー養成講座」

スウェーデンでの視察を終えて帰国してから私は、幼児向けの優れたプログラムをもつ「森のムッレ教室」を保育園や幼稚園などで開くためにはどうしたらよいのだろうかと考えていました。そのときに気づいたことは、ムッレ教室の実践には、子どもたちを自然のなかへ連れ出し、野外活動を進めることのできるリーダーが不可欠だということでした。そして私は、「リーダー」を育てる活動に参加したいと思うようになりました。一人でも多くの保育者がリーダーになることができれば、保育園や幼稚園でのムッレ教室がより深く根付くのではないかと思ったのです。

一九九一年、高見幸子さんの手によって日本で初めての「ムッレ教室リーダー養成講座」がスタートしました。そのときの受講者は三三名で、私ももちろんその一人でした。日本野外生活推進協会は、「リーダー養成講座」を受講し、所定のカリキュラムを修了した人によってのみムッレ教室を開くことができるというルールを設定しています。これは、リーダーの質を保持し、ムッレ教室の教育法を正しく実践するために重要なことなのです。そして、翌年の一九九二年、「第二回ムッレ教室リーダー養成講座」を開講し、今度はスウェーデンから二名の講師を招聘して講座を開き、三〇名のリーダーが誕生しました。

私は、リーダー養成講座を受講する一年前に高見幸子さんとともにムッレ教室を鴨庄保育園で実施しており、その際にはアシスタントを務めていたのでその内容を体験していました。そのため、第一回の養成講座の際には、講義の内容を聴き、ムッレ教室のプログラムに対して子どもたちがどのように反応するのかという具体的なイメージを描きながら理解することができました。そして、この講座を通して、野外活動のテクニックを一つでも多く学びたいという意欲に駆り立てられたのです。

そこで二回目のときは、養成講座の企画運営の手伝いを申し出ました。そうすることによって、一回目の講座の内容を復習することができたのです。私は受講生といっしょに活動に加わり、彼らが常にアクティブでいられるように刺激を与える役割を果たしました。そして、この二回の講座の体験が、その後、リーダー養成講座の講師を務めることになる私に大きな力を与えてくれたのです。

それ以降、一九九三年までのリーダー養成講座は、「ふるさと市島未来塾」（一〇八ページ参照）の支援を受けながらスウェーデンから招いた講師によって行われていました。しかし、いつまでもスウェーデンから講師を招聘するわけにはいきません。そこで、日本のスタッフだけでリーダー養成講座が開催できるように、同年、マグヌス・リンデさんとシーブ・リンデさんの二人にリーダー養成講座の講師を養成するための「指導者養成講座」を開講してもらいました。

この講座によって、ようやく一二名の講師が誕生しました。もちろん、私もこのとき受講生として参加して講師の資格を取得しました。これで、全国からの要請に応じていつでも講師を派遣することができ、リ

スウェーデンでムッレ教室を体験（写真提供：西躰通子）

ーダー養成講座を開催することができるようになったのです。

二〇〇二年、私はまた再びスウェーデンを訪れ、上級講師の資格を取得しました。上級講師とは、「リーダー養成講座」の講師を養成する立場にある講師のことを言います。つまり、「指導者養成講座」を開く資質を備えた講師を意味します。現在、日本には私を含めて三名の上級講師がいて、五年に一回を目標に「指導者養成講座」を開催しています。

以下に、「指導者養成講座」を受講するための条件を挙げておきます。

❶ムッレ教室のリーダー養成講座を受講して、五年以上経たリーダーであること。
❷ムッレ教室を開いた経験、あるいは教室に参加した経験が五年以上あること。
❸ムッレ教室のリーダー養成講座の開催に、スタッフとして協力した経験があること。
❹今後、ムッレ教室リーダー養成講座の講師として活動する意欲があること。
❺現在もムッレ教室にかかわって活動していること。
❻本部役員と講師から、協会の発展のために必要と認められた人。

こうした経験を積んだのち私は、野外生活推進協会において「リーダー養成講座」と「講師養成講座」の企画運営を担当する理事に選任され、ムッレ教室を実施できる人材の養成に務めるようになったのです。一人でも多くのリーダーを育てたいという当初の想いが、現在でも私の活動の原動力となっています。

兵庫県丹波市市島町では、毎年五月のゴールデンウィークにリーダー養成講座を開催することが恒例となっています。毎年、この講座には、全国から集まった約三〇名の方々が参加しています。また、全国各地からの要請にこたえて日本各地で講座を開いてきました。遠くは韓国でも開催しており、すでに三回の講座を開催したという実績があります。

こうして、日本野外生活推進協会では一九九一年から二〇〇六年までに通算二七回のリーダー養成講座を実施しており、日本国内で養成講座を修了した人数は一七四三名となりました。しかし、実際に活動している人はその三分の一くらいだと考えられます。そして、「リーダー養成講座」で理論や実技を指導する講師の資格をもっている人は二六名ですが、そのなかには仕事や家庭の事情があって即戦力として活動できない人も若干います。さらに、先述のとおり、講師を養成する上級講師は、現在のところ日本には三名しかいません。

リーダーが増えるということは、ムッレ教室が増えるということです。それぞれのリーダーの活動によってムッレ教室の輪が広がり、自然に親しむ子どもたちが増えるということになります。つまり、リーダー養成講座は、日本にムッレ教室を広めるための「エンジン」のようなものなのです。私たち講師は、リーダーが一人でも多く育ち、日本全国にムッレ教室が展開されていくことを期待しています。

リーダー養成講座の内容

それでは、リーダー養成講座において何をしているのかを具体的に述べていきましょう。これまでの長年の経験を交えながら、その内容について詳しく説明していきたいと思います。

リーダー養成講座は、理論と実技を合わせて二〇時間のコースとなっていて、先にも述べたように、それを修了するとムッレ教室のリーダーとしての資格が得られます。さらに八時間の実技を受講すると、クニュータナ教室（三歳児）、ストローバレ教室（小学校低学年）、フリールフサレ教室（小学校高学年）の各教室のリーダーの資格も得られます（二二ページ参照）。

リーダー養成講座の理想的な受講生の数は二〇人から三〇人です。これぐらいの人数であれば、講師と受講生が相互に親近感をもち、コミュニケーションがとりやすく、内容が理解しやすいという利点があります。また、講座ではグループワークが中心となるため各グループが発表する際にも時間の配分もよく、円滑に進行することができます。

講座は、オリエンテーションのなかでのグループ分けからスタートします。そして、講座の最初の活動としてグループごとに「講座に期待すること」を挙げます。その日に初めて顔を合わせた人たちがそれぞれ自己紹介をし、講座に対してどのような期待をもっているのかを一人ひとりが言い、話し合っていきます。この最初の活動で、メンバーたちは打ち解けることができるのです。

表5　リーダー養成講座の主なカリキュラム

●野外生活推進協会の理念と目的	●ムッレ教室のプランの立て方
●子どもの心身の発達	●身近な野山と川の草花・虫・動物の知識
●野外活動に適切な服装と準備するもの	●感覚を磨く訓練
●子どものエコロジー	●野外料理
●自然と環境、リーダーの心構え	●宝物探し
●応急手当	●自然の道クイズ
●森のムッレとは、ムッレの物語	●ムッレの歌と遊び

グループごとの目標は、いくつかの項目にまとめてみんなの前で代表が発表します。これらの目標は、模造紙に書いて二日間研修室に展示します。自分たちが何を学びたいのかというはっきりした目的意識をもったうえで受講することによって、一人ひとりの積極的な姿勢やグループのチームワークを引き出すことができるのです。各グループともチームの名前をつけて、二日間にわたって協力し合いながら養成講座にのぞむことになります。ちなみに、講座の最後には、グループのメンバーごとにこれらの目標を振り返りながら反省点をまとめて、ほかの参加者に発表することになります。

各グループの目標の発表が終わると、今度は逆に講師から受講者に期待することとして、①アクティブに受講して欲しい、②講座を楽しんで欲しい、③講座を終了したらそれぞれの地で教室を開いて欲しい、という三点を受講者に伝えます。

リーダー養成講座は誰でも受講することができます。通常、受講生として一番多い職業は保育士などの保育園関係者ですが、幼稚園教諭、小学校教諭、公務員、会社員、学生、主婦、

表6　リーダー養成講座の主なカリキュラム

月日	会場	時間	プログラム 区分	プログラム 内容
一日目	①	9：00	オリエンテーション グループワーク	●講師と受講生の自己紹介、グループ分け ●講座の内容とスケージュールの説明 ●受講の目標
	②	10：00	自然観察とゲーム	●身近な野山の草花、樹木、虫、動物の知識・感覚を磨くゲーム
	②	12：00		☆　昼　食
		13：00	実　技	●ピクチャーシアター（ムッレ誕生のお話） ●ムッレの歌と野外ゲーム ●自然の道クイズ ●宝探し ●ムッレ登場
		15：30		☆　ティータイム
	①	16：00	理　論	●応急手当 ●野外活動に準備するもの
	①	17：00	理　論	●日本野外生活推進協会の理念
	①	17：30		☆　夕　食
		18：30	理　論	●子どもの心身の発達と野外活動 ●子どもとエコロジー ●リーダーの心得
		21：00		一日目終了
二日目	①	9：00	実　技	●パン生地作り
		9：30	理　論	●ムッレ教室のプランニング法
		10：00	グループワーク	●プランの作成 ●教材と自然の道クイズの作成
	②	12：00	実　習	☆　野外食の実習　ねじりパン・シチュー
		13：00	グループ発表会	●ムッレ教室の発表、講評（各グループ20分）
		15：00		☆　ティータイム
	①	15：30		●グループの反省、アンケートの記入
		16：00		●教室を開くために
		16：30		●修了式

※会場：① 屋内　　② 野外

表7 新潟市の養成講座において各グループが挙げた目標

ぶなグループ ――五感を使って	●自然を楽しむ ●自然のなかで発見する ●自然に感動する ●自然の大切さを知る
樫の木グループ ――自然のなかでたくさんの発見をしよう	●身近な自然をより深く感じよう ●森の妖精ムッレに会いたい
ほうの木グループ ――自然を知りたい	●いろいろな植物の名前を知りたい ●自然を使った遊びをいっぱい知りたい

グループワークで進めるプログラム（写真提供：西躰通子）

大学教授と職業が多岐にわたるのもこの講座の特色となっています。年齢層も、二〇歳代から六〇歳代と幅が広くなっています。保育者の場合は、勤務する保育園・幼稚園がムッレ教育に取り組んでいるところか、これから取り組もうとしている保育園・幼稚園で働いている人が多く、そのほかの職業の方々は、どこかでムッレ教育の情報を得て、興味をもって参加するというケースが多くなっています。

養成講座の会場は、プログラムに合わせて室内と野外を使って行います。昼間はほとんどの時間を野外での実技にあて、講師が主導するワークショップと受講者自身が主導するワークショップを行います。自然観察を通じて自然に対する感覚を磨くには、できるだけ豊かな自然のなかで実際に体験することが必

野外での実習も多く取り入れている（写真提供：西躰通子）

要です。また、森のなかに集団でゲームなどができ、火をおこすことが可能な広場などがあれば理想的です。そして、夜の時間帯は室内で講義を行います。

長野県のお母さん方が集まったグループと養成講座を企画したときは、あいにくと森の近くに適当な施設がなかったので、終日、森のなかでプログラムを進めました。丸太に腰を下ろして講義を聴くというまったくの野外での講座でしたが、自然のなかにいる開放感があり、かえって楽しい講座になりました。また、冬季に講座の要請があったこともあります。北海道や新潟では雪のなかでの開講でしたが、寒さのなかでも貴重な体験ができたと好評でした。

一方、都会のなかで養成講座を開くときは自然観察の場所に苦労します。かといって、養成講座ができないわけではありません。近くに神社やお寺などがある場合は、そこを利用させてもらうことでプログラムを実行することができます。また、商業地や住宅地で緑が少ないところでも、街路樹や裏道の草花を利用して学習することができます。町なかの公園にも、よく見ると生態系が息づいているものです。そういった自然を利用することで教室を開くことができるのです。

アクティブに参加する受講生

ムッレ教室のリーダー養成講座は、一般的にイメージされるような講師の話を聞くという受身のスタイルの学習形式をとっていません。講師が受講生に期待することは、常にアクティブであること、そして講座そのものを楽しんでもらうことです。

二日間で二〇時間という講座は、プログラムがぎっしり詰め込まれたかなりハードなものとなっています。グループワーク、観察や実体験、歌やゲームに食事づくりという実技、そして理論を学んで最後にはグループごとに決められたテーマについて発表をするという盛りだくさんな内容となっています。以下で、二〇〇四年に新緑の穂高で行ったリーダー養成講座の様子を紹介しましょう。


穂高の高原は、すがすがしい緑に包まれて初夏の香りが一面に漂っていました。高原の彼方には雪をたたえたアルプスの峰々がくっきりと姿を現し、感動的な美しさを見せていました。一日目は、晴天のもと、森のなかで自然観察やムッレとの遭遇を楽しむことができましたが、二日目はあいにくと終日雨でした。しかし、お父さんたちの強力な援護によって、森のなかにテントを張り、そのなかに石を集めてにわか仕立ての竈《かまど》ができ上がりました。赤々と火が燃えるなかで激しい雨の音を耳にしながら食べた野外食は、受講者たちがつれてきた子どもたちの冒険心をかきたてたようで、参加者全員にとっても印象深い体験となりました。

このときの受講生は一七名。前述したように、子ども同伴のお母さんが大半でした。そんななかで、生後五〇日目の赤ちゃんを抱っこして参加したお母さんが自然観察に取り組みました。赤ちゃんはというと、森の空気や鳥の声が心地よいのかスヤスヤと眠っていたり、そっと目を開けては周りの様子をうかがったりと常に機嫌がよく、お母さんの学習に協力をしてくれました。また、そのほかのお母さんたちも、忘れかけていた自分自身の幼いときの自然体験が心によみがえったのか、すっかり子ども時代にタイムスリップして、子どもたちといっしょに行うゲームではしゃぐ場面もありました。

お母さんたちがつれてきた一三人の子どもたちの世話は、ボランティアとして集まった四人のリーダーが引き受けました。リーダーたちは、終日、ムッレ教室を魅力的に展開するよう努力し、子どもたちに普段とは違う意味の深い自然を満喫させてくれました。自分の子どもに、そして地域の子どもたちに「本当の自然」を体験させてあげたいという強い情熱をもって受講したお母さんやお父さんたちは常に意欲的で、アクティブな姿勢で講座にのぞんで講師にとっても張り合いのある充実したものになりました。

雨の日のリーダー養成講座

ムッレ教室はどんな天候でも行います。ですから、当然、リーダー養成講座もどんなに雨が強くても野外で行います。「雨天中止」ということはないのです。そのため、講座を受講する人には、前もって「準備するもの」というお知らせを送っておきます。そのなかには、筆記用具、洗面用具などだけでなく、服装についてもイラスト入りで案内をしています。雨天でも対応できるように、雨合羽、レインハット、長靴は必須アイテムとなります。

かつて、市島町でのリーダー養成講座において次のようなことがありました。その日は、朝から激しい雨が降っていました。森のなかの研修会場でオリエンテーションを済ませて、グループで講座の目標を話し合って発表したあとに、講師が「では、身支度をして外に集合です」と声をかけたときのことでした。一部の受講生から「ええー!」というどよめきが聞こえてきました。「ほんまに?」、「こんな雨のなかを……まさか……」と、途方にくれている様子がそこかしこから伝わってきます。

フル装備で用意をする人も少しいましたが、とりあえず持ってきたナイロンのレインコートを羽織って傘をさして外に立っている人がほとんどです。さらに準備が不十分な人は、長靴をはかずに運動靴のままです。約一時間にわたって森のなかを歩き、木の芽や朽木、切り株、苔やキノコなど発見したものを一つ一つていねいに立ち止まって観察し、講師の説明を聞いたりいっしょに考えたりしながら進んでいきます。当然、軽装で参加した人たちはたちまちずぶ濡れです。

薄いレインコートでは、雨を通して下着までも濡れてしまいます。もちろん、森のなかでは傘は木の枝に引っかかって思うように前に進むことができません。通常なら、「早く終わればいいのに……。なんでこんな雨のなかを歩くの……」という腹立たしい感情を呼び起こしてイライラがつのってくる状況です。ところが、講座が終わってからの反省会では、みんなが口々に、やや興奮状態で雨のなかの活動における感動を伝えてくれたのです。

- 雨の日ということで気が進まなかったのですが、雨の森の美しさに初めて気がつきました。
- 生き生きとした鮮やかな輝きを見せる針葉樹の葉が印象的で、目に焼きついています。
- 木の葉に当たる雨粒の音が、オーケストラの演奏のように聴こえてきました。
- 木の葉の先から落ちる透明なしずくに思わず手を出して、受け止めてしまいました。
- 苔を搾ってみるとたくさん水が出たのにびっくりしました。
- 腐葉土の下から頭をもたげているキノコ、朽木に行列しているキノコを発見し、色や形がいろいろあって神

雨の日ならではの自然体験（写真提供：西躰通子）

秘的でした。

●池のほとりで見つけたモリアオガエルの卵に初めて触ってみて感激しました。

雨の日ならではの体験、雨の日でないとわからない自然界の様子を目と耳と肌で感じ取り、自分の体の感覚すべてを使って雨を受け止めたことは、どうやら、幼い子どものころにわざと雨のなかを駆け回って泥んこになったときの思い出を呼び起こしたようです。「雨──→憂鬱──→室内で」というのは、大人の連想でしかないのかもしれません。

私たちは、雨が降ると「お天気が悪い」とよく言います。スウェーデンの仲間が来日したとき、雨の日にいっしょに出かけました。「お天気が悪いのにすみませんね」と私が言いますと、「えっ！　雨の日にはお天気を悪者にするのですか⁉」と厳しい指摘を受けてしまいました。確かに、正しい服装さえしていれば雨でもずぶ濡れになることもないし、雪でも体が冷えるということはないのです。

天候は、雨の日、曇りの日、晴れの日、雪の日とさまざまあって、自然界は移り変わっていくのです。天候に合わせて服装や装備を整えて野外に出かけ、どういう状況においても快適な活動が楽しめるという習慣が身に着いているのがスウェーデン人のライフスタイルなのです。

スウェーデンにある野外保育園ではすべてのお天気に合わせて野外活動をしており、雨の日も雪の日も、森に出かけてムッレ教室を展開しています。先述のとおり、保育園のクロークには雨合羽とレインハットと長靴が一年中常備されていて、雨の日や寒い日に森に出かけるときは、それぞれ自分で身支度をするように習慣づけられているのです。

日本でも、雨の日の楽しみ方を知っているリーダーたちがいれば、雨の日に子どもたちを保育室に閉じ込めるだけでなく、子どもたちが本来もっている遊び心を導きだし、スリルと冒険に満ちた雨の日の変化ある遊びを体験させることができるのではないでしょうか。

森の妖精ムッレとの遭遇

リーダー養成講座のプログラムのなかに、森の妖精ムッレとの遭遇という場面があります。講座のなかではハイライトとも言える時間ですが、緑色の衣装をまとい、大きなしっぽをつけたムッレが森のなかから現れるのです。この瞬間、受講生たちの興味はいやがうえにも高まります。当然、ムッレは講師などが仮装しているわけですから、大人であれば本物でないことはわかっています。そのため、妖精との出会いに大人が子どものようにドキドキしたりワクワクしたりすることがあるのだろうか、と疑問をもたれる方も多いと思います。

ところがです。受講者みんなで「コリコック！と、ムッレを呼んでみよう！」という森の小道にある案内板を発見したとき、一同が躊躇することなく、胸をワクワクさせて森に向かって「コリコック！」と大きな声で叫ぶ光景を私は何度も見てきました。さらに、森のなかから「コリコック！」と応答があると、声の方向を真剣に探し、そちらのほうへ足を速めます。そして、木々の間からムッレらしきものが見えてくると、受講生たちは思わずそちらへ走り出していきます。

誰でも子どものころには、UFO、宇宙人、妖精、サンタクロースなどを信じたことがあるでしょう。大人になっても、そういったファンタジーを抱いたときの興奮は蘇るものなのです。ムッレ教室が私たち大人をも魅了するのは、そういった楽しい気持ちを童心に返って再び経験できるからかもしれません。

このときの感動をアンケートのなかで語ってもらいましたので、以下に紹介しておきます。

●ムッレの登場の場面では、みんなから《わー!》と歓声が上がりワクワクしてしまって目に涙が浮かんできました。

ムッレの登場にワクワクする受講生たち（写真提供：西躰通子）

ムッレを見つけると、我さきに走り出している自分はいつの間にか子どもに立ち返っているのです。これが、ファンタジーの世界なんだなあ……と感じました。（愛知県のＭさん）

●講座を進めているうち、森の妖精ムッレの存在は自分の心の中に違和感として残るのではないかと思っていましたが、実際にムッレと出会い握手をして一緒に遊んでいるうちに、すっかり妖精を受け入れている自分がいました。（兵庫県のＥさん）

●ムッレという妖精を通じて子どもたちに自然の大切さ、生物の命の大切さを感じ取ってもらおうとする試みは、私の共感を掻き立てました。（岐阜県のＫさん）

リーダー養成講座を終えて

ムッレの登場でリーダー養成講座は終了するわけですが、受講生から「楽しかった！」、「おもしろかった！」と感動のエールが送られたときに私たち講師の喜びは頂点に達し、改めて心からやりがいを感じます。受講生自身が野外での活動を楽しみ、野外活動に対して魅力を感じることで講座のプログラムをより活性化させることができ、主体的にかかわる姿勢を身に着けていくことができるのだと思います。そして私自身も、リーダー養成講座の講師を務めることが生きがいであるとともに大きな楽しみとなっていきます。

自然のなかに出かけるとそのたびに新しい発見があり、その感動はいつも私の心を十分に満たしてくれます。「美しい自然を身近に感じる」ときの心の動きは衝動的であり、体中の血が騒いでくるのです。ですから、ポジティブな体験のなかでの学びを促すリーダー養成講座は、大人でも子どもと同じように十分に楽しめるプログラムがたくさん用意されているのです。

以下に、これまでにリーダー養成講座を修了された受講者の全体を通しての感想を挙げておきます。リーダー養成講座の楽しさを少しでも伝えられればと思います。

●すごく楽しい二日間でした。「楽しい」のなかには、ドキドキ、ワクワク、ビックリ、ゲラゲラ、ヤッターと、数え切れない言葉を含んでいます。（愛知県柏井市・保育士）

●軽い気持ちで受講した私でしたが、講座にどんどんのめり込んでいく自分を発見しました。（新潟県・会社員）

●子どもといっしょにもっともっと自然のなかで過すようにしよう。自然に触れて、匂いを嗅いで光や風を肌で受け止めて……考えただけでワクワクしてきました。明日から即実践です。だって、私がこんなに楽しんだ気持ちを早く子どもと共有したいから……。（長野県・主婦）

●実にパワフルで、充実した内容の二日間でした。今まで永年、企業内で受講した研修とは違い、初めて「受けて良かった！」と感想の言える素晴らしいカリキュラムでした。是非、ムッレ教室の実演ビデオを制作して下さい。現実の子どものリアクションを見て

みたいです。（東京都・会社員）

これら以外にも、いつかふるさとに戻って子どもたちと野外に出かけたいという強い思いをもって参加された会社員の方から、次のようなメッセージを受け取りました。

「自然を楽しむ」、「自然を好きになる」というこの教室の基本方針が、二日間の短くも充実したプログラムにおいて無理なく受講生たちのなかに浸透していくという印象をもちました。近い将来、「ムッレ教室」をふるさとで実施したいと思っています。そのためにも、郷里の保育園・幼稚園・教育関係者などにこのシステムとプログラムのよさを伝え、一人でも多くの若きリーダーを養成すべく尽力したいと思います。スウェーデンで生まれ、日本にやって来たムッレが子どもたちに夢と希望を与え、やがて「病める日本」を救ってくれると信じています。

3 リーダーになるための心得とは

日本野外生活推進協会理事
（元鴨庄保育園園長・現旗塚保育所園長）西躰　通子

リーダーは子どもの案内人

リーダーは、自然・野外における教育者です。子どもに対する教育者のことをギリシャ語で「パイダゴゴス」と言います。その意味は「子どもの案内人」で、古代ギリシャ時代には子どもを家から学校へ送迎する使用人のことをこのように呼んだのです。ムッレ教室のリーダーは野外活動の教育者ですが、ギリシャ語の意味のとおり、子どもを自然のなかに導き案内する役割をもった大人なのです。自然のなかで遊び、体験する機会をふんだんに与えてくれる大人がいまの子どもたちにとってはもっとも必要なのです。

自然のなかでは、子ども自身の発見を大切な物として真摯に受け止めること、子どもが質問をしてきても早急に簡単に答えを教えるのは控えなければなりません。子どもが真に求めているリーダーのあり方は、自然に関する知識を教えてくれる相手ではなく、いっしょに調べたりいっしょに考えたりしてくれる相手なのです。子どもの気持ちになっていっしょに行動してくれる存在、それがムッレ教室のリーダーなのです。

では、リーダーとなる人の資質について考えてみましょう。まず、リーダーになる条件としては次の二点さえクリアしていればいいのです。

❶自然が好きな人
❷子どもが好きな人

つまり、リーダーになるからといって、生態系に関する知識を豊富にもつ自然観察のインストラクターである必要はないのです。自然のなかにいることを楽しむことができ、子どもと遊ぶことが好きであれば誰でもリーダーになれるのです。

とはいっても、リーダーとして心得なくてはならない点がいくつかあります。まず、リーダーは、子どもの手本になるのだという自覚をもたなければなりません。リーダーの自然に配慮する姿を見て、子どもたちは「虫を踏んづけない」、「草花や虫を採ったら元のところに戻しておく」などのことを覚えていくのです。そして、野外に出かけたら、子どもといっしょに活動を楽しむことが大切です。リーダーが生き生きした態度で楽しそうに活動しているその姿を見て、子どもたちも安心してのびのびと活動できるようになるのです。

子どもの発見を見守るリーダー
©Siw och Magnus Linde

リーダーは先頭と最後尾について、子どもたちが走ったり何かを見つけては立ち止まったり

表8　リーダーの役割と心得

1	子どもとともに活動を楽しむこと。
2	子どもの質問に簡単に答えるのではなく、子どもが「なぜだろう」と考えるように誘導する。
3	型通りのことを教えるのではなく、子ども自身が学ぶ環境をつくる。
4	具体的な体験を通じて学んでいこうとする「知恵」を育て、自然界にあるさまざまな事象の深い存在意義を知らせる。
5	自然と接するとき、常に五感を意識して観察、体験をするように誘導する。
6	自然との付き合い方を学ぶようにする。
7	十分な下見をする。危険な場所がないか、危険物がないかなど、準備と計画をしっかり整える。
8	勇気と決断。現地での活動が始まったら子どもの行動に流されず、計画に従った冷静な判断と決断する勇気を保つ。
9	自然への気遣い、エチケットを教える。 ●草花は根っこから引き抜かない。 ●葉っぱの観察は、自分のほうから近づいてルーペで見る。 ●動物は、観察したあと元いた場所に戻す。 ●森のなかでは大きな声を出さない。 ●空き缶やナイロンなど、自然が分解できないモノを捨てない。
10	子ども一人ひとりの発言と行動、表情をしっかり認識して受け止める。
11	集団で行動するなかでルールを守ることの大切さを知らせる。ゲームや遊びの要素をふんだんに取り入れ、仲間といっしょに活動する楽しさを体験しながら協調性を育て、仲間意識を醸成させる。

して自由に進んでいくのを見守ります。「ダメよ！」とか「いけません！」などのような制止や禁止の言葉をかけることはできるだけ避けて、周りの自然を子どもといっしょに楽しみながら森に向かっていきましょう。

子どもが草花や虫を見つけると、「これはなに？」、「なぜ、こんなところにいるの？」というような質問をしてきます。そんなとき、すばやく答えを出さなければとあせる必要はありません。子どもといっしょに図鑑を見て調べたり、逆に子ども自身が「なぜだろう？」と考えるように誘導をするのがよい方法なのです。型通りのことを教えるのではなく、子どもたち自身が学ぶ環境を提供すればいいのです。知識を植えつけることにとらわれず、現実に経験す

心のスイッチをオンに　©Siw och Magnus Linde

ることをベースに、自然界に存在するさまざまな事象の深い存在意義にまで気づく知恵を育てることを重視します。

リーダーは、視覚・聴覚・触覚・臭覚・味覚などの五感を意識して観察し、体験をするように子どもたちを促します。動植物の名称を覚えるのは、子ども自身が興味をもって知りたいと思ったときに自分で調べればいいのです。自然のなかに出かける機会の少なかった子どもたちは、自然界の植物や生き物たちにアクティブに交わる面白さを体験していません。リーダーは、そこで自然との付き合い方のヒントを与えます。「触ってごらん……」、「臭いをかいでごらん……」、「どんな味がするかなー」など、子どもの興味や関心、そして好奇心を呼び起こして感覚のスイッチを「オン」にすることがリーダーの役割なのです（一六二ページの**表8**参照）。

なぜ、スウェーデンに学ぶのか

私たちムッレ教育を推進しているスタッフは、さまざまな方々から「なぜ、スウェーデンなの？」、「日本でも野外活動を進めている団体は数多いでしょうに……」などと尋ねられることがあります。たしかに、日本にもたくさんの野外活動はあるのですが、残念ながら幼児を野外活動のなかで環境教育に導く団体はほとんどありません。

一方、スウェーデンでは、幼児のころから徹底した環境・自然教育を行っています。このことは、二一世紀になった現在、スウェーデンが環境先進国のトップの位置を保ち続けている理由の一つとなっています。そして、スウェーデンで幼児からの環境教育の活動を支えて社会の大きな力となっているのがムッレ教室の数多くのリーダーたちです。そういう意味で、環境への積極的な対応が求められている今日の日本でも、いまや幼児からの環境教育の活動を推進するためのリーダー養成が急務であると考えます。また、私たちスタッフはその責任を痛感しています。

最後に、スウェーデンで環境教育の教科書として使われている『視点をかえて――自然・人間・全体』（川上邦夫訳、新評論、一九九八年、二〇四ページ）の一節を紹介して本章を終わりとします。

何かを学ぶということは、つねに人間の心の中のプロセスです。このことは、誰かが何かを教えてくれるだろうという期待をもつことができないことを意味しています。あなたは、自分で学ばなければなりません。あなたが、教師として他人に何かを教えるということも、確かではありません。しかしあなたは、他人が自ら学ぶ状況をつくる手助けや、他人に学ぼうとさせる刺激を与えることはできます。人は誰でも、適切な動機づけがあれば、驚くほどの速さで学習するものです。

第5章

森のムッレ教室を実践する人々

——日本での活動と体験記

「見て見て！　すごいの見つけたよ！」

　ここは、森のムッレ教室を実践している新潟市内の山五十嵐保育園。「ムッレの森」と呼ばれる園舎の裏手にある雑木林に子どもたちと出かけたときのことです。元気いっぱいの子どもたちに袖を引っ張られて振り向くと、その手には大きな松ぼっくりが一つずつ。何かと思って覗いてみると、その松ぼっくりの表面にはナメコくらいの大きさのキノコがびっしり生えているのです。

「野生のキノコなんてほとんど見たことないのに、こんなにたくさん！　しかも、松ぼっくりに生えるなんて！」と心のなかで叫びながら目を丸くしている私に、子どもたちが自慢げな表情を浮かべて笑いかけています。さらには、キノコの傘の裏側にルーペを当てて見せてくれたのです。白く透き通った細やかなひだが規則正しく並んでいる美しさに、思わず声を上げてしまいました。

「この子たちの観察力と感性は並大抵ではないぞ……」と、感じずにはいられませんでした。

森のムッレ教室を経験してきた子どもたちはとても「発見上手」です。一人でじっくり腰を下ろして観察する子どももいれば、仲間と木登りをする子どももいて、それぞれ思い思いに森のなかで時間を過ごしています。何か好奇心がそそられるものを見つけるたびに、誰に言われなくても自分から進んでルーペで覗いてみたり、触ってみたり、匂いをかいでみたりと、五感を使ってあらゆる方法で対象物をとらえようとする子どもたちの姿にはとても驚かされました。

そして、面白い発見があるたびに、保育士さんはもちろんのこと、突然ここを訪れた私にまで嬉しそうに話をしてくれます。子どもたちはのびのびとした活気に満ちあふれており、そのつぶらな瞳が好奇心でキラキラと輝いていたのをいまでも覚えています。

こんなに楽しくてすてきなムッレ教室を、日本の子どもたちにプレゼントしているのはいったい誰でしょうか？　それは、地域の保育園・幼稚園やボランティアグループの方々でした。ムッレ教室は、地域に密着した人々による草の根活動によって支えられているのです。その活動拠点となるのが日本野外生活推進協会の各支部です。全国七か所にある支部は、兵庫県の市島町にある本部からの支援を受けながら地域でリーダーを育ててムッレ教室を実践しています。

本章では、この支部の姿に焦点を当てることにします。彼らは、「子どもたちに身近な自然に親しんでもらいたい」、「子どもたちが自然を大切にする心をもつ大人に成長してほしい」と願い、地域で支部を立ち上げてから今日まで活動を続けています。

ここでは、日本野外生活推進協会の支部を代表して、日本で初めてムッレ教室が導入された市島町支部の保育士である荻野尚子さんにムッレ教室を実践した際の体験を、そして日本でもっとも大きい新潟県支部で活躍されており、自らも保育園の園長を務めていらっしゃった阿部桂子さんに支部の立ち上げの経緯から活動の内容と将来の展望を、そして最後に、現在も新潟の保育園でムッレ教室を実践されている保育士の五十嵐裕子さんに体験談を語っていただきましょう。

1 保育園でのムッレ教室体験記——市島町編

元鴨庄保育園保育士／現吉見こども園園長
荻野　尚子

森のムッレとの出会い

ある夏の日、園長の西躰通子先生（第4章参照）に呼ばれて職員室に行くと、スウェーデンから里帰りをしている高見幸子さんが微笑んで立っていました。「尚子先生『ムッレ』だって。ちょっと話を聞いてみて……」と、西躰先生はムッレ教室についての話を聞くようにすすめてくれました。いまから一七年前の一九九〇年、鴨庄保育園に勤務していたときのことです。

このとき高見幸子さんが、「『森のムッレ教室』とは自然のなかで活動する子どものための環境教育で、スウェーデンでは三〇年以上も前から続いており、自然環境の改善に貢献している」ということを説明してくれました。聞き終えたとき、そう言えば何年か前にもムッレ教室のことを聞いたことを思い出しました。そのときはあまり印象に残りませんでしたが、今回は、より真剣に語ってくれたせいかとても新鮮に感じることができました。

とはいえ、正直な気持ちを言うと内心あまり乗り気ではありませんでした。なぜなら、私は五歳児の担任として、すでに自然とのふれあいを重視して積極的に自然のなかで活動することに力を入れていたからです。「いまさら何を?……自然とのかかわりや散歩は月間指導計画や週間指導計画のなかで網羅している……展開方法が新しいだけのことじゃないの？　どうして、一日の保育活動のためにわざわざ打ち合わせや下見が必要なの？　なんだか面倒くさい話だな……」という気持ちが頭のなかをよぎったのです。

幸子さんは、そんな私の気持ちを察したのか、必要以上に説明をせずに「とにかくやってみましょう」と言い、打ち合わせの日時を決めました。

ムッレ教室をやってみよう

打ち合わせの日、幸子さんは紙に簡単なプログラムを書いて持ってきました。それを見ながら、服装と持ち物についても確認をしました。

「それにしても、すぐそこの田んぼまで散歩に行くだけやのに、おやつや観察ケース以外に図鑑に長靴、そのうえゴミ袋までなぜ必要なのだろうか？　何か見つけたら持って帰ってからゆっくり調べたらええのに……えらい重装備やなあ。それに、ゴミなんて落ちてへんと思うけどなあ……」などと疑問を抱きつつ、まずは言われるとおりに準備を進めました。

次に幸子さんは、準備と並行して現地へ下見に行こうと言うのです。「遠足じゃあるまいし、すぐそこの田んぼやないの！　よう知っとるとこやんかー」と思いましたが、ここは一〇〇歩ゆずって素直についていきました。どのあたりにどんな花が咲いていてどんな生き物がいるのか、足元が安全かどうか、集まってゲームができるようなちょっとしたスペースがあるかなどを確認していったのですが、どういうわけか、何だかとっても落ち着いた気分になっていきました。さっきまでの疑問はどこへやらで、保育者としての心の準備が整っていくような気がしてきたのです。

そうして、本番となる活動の初日がやって来ました。その日は、小動物がテーマになっていました。いよいよ子どもたちと野外へ出発かと思いきや、まずは出発前の話し合いからはじまりました。今日の活動の目的を知り、ムッレの話を聞き、「コリコック、コリコック……」というムッレの歌も歌いました。「もったいぶって……」とも感じましたが、次第に一二人の子どもたちの気持ちも引き込まれていき、そばにいる私もだんだんとおもしろそうなことがはじまるような気がしてきました。散歩は「自然のなかへ出かければいい」などと思っていた私も、ちょっと違っていたかなと思いはじめたのです。持ち物の点検もすませるころには、私も子どもたちとともに大いなる期待がふくらみ、元気よく園外へと出かけました。

歩きはじめると、まもなく幸子さんは空の菓子袋が落ちているのを見つけました。そして、「食べ物のにおいがするから、おなかをすかせたキツネさんが間違って食べて死んでしまうわ」と言って拾い上げました。そして次は、「タバコの吸い殻には毒があるのよ」と言って拾いました。よく見ると、草の道のそこここにゴミが結構落ちていました。「ムッレは、人間の汚したところをお掃除しているの。一人だと大変だから、お手伝いをしましょう！」という話を聞き、子どもたちもせっせとゴミを拾いはじめました。もちろん、車などの安全にも十分配慮しながらです。

ゴミを拾いながら歩いていき、保育園近くの田んぼの畦みちにたどり着くと、今度はカエルを探すことにしました。みんなで一所懸命に網を使って捕まえ、観察ケースに入れました。幸子さんはその場ですぐに図鑑を開け、「何ていうカエルかしら……」とページを繰り、子どもたちにケースをのぞかせては図鑑と照らし合わせながら調べはじめたのです。同じようにサワガニやザリガニなどの小動物を調べ、子どもたちを興味の世界へと誘いこんでいきました。これまで保育室に図鑑があってものぞき込むのは一部の子どもだけでしたが、いまここでは、みんなが見入っているのです。

「疑問を感じたときが知りたいとき、知りたいときがわかるときなんだ！」

私は、知りたいときに情報としての図鑑がそこにあることの重要性にようやく気づきました。また、幸子さんは、捕まえた生き物の色や形を見るにとどまらず、直接に触れることやにおいを嗅ぐこともしたのです。「見る」、「聞く」、「さわる」はこれまでもよくしま

知りたいときがわかるとき
（写真提供：日本野外生活推進協会）

したが、においを嗅ぐことは日常的にすすめていませんでした。カエルのにおい、草のにおい、土のにおい、子どもたちにとってカエルはすでに身近なものであるはずなのに、改めてにおいを嗅ぐと「うわぁ！　へー！」という声とともに感動をしていました。私も、カエルの泥臭く生臭いにおいに感激（？）しました。五感をすべて活用してこそ心に印象深く響くのだ、ということを初めて実感した日でした。

観察したあと、カエルはすぐに元の田んぼのなかへ返しました。「あー、せっかく捕まえたのにー」と残念がる子どもに幸子さんは、「カエルの家はここなのよ。帰してあげましょう。ここに来れば、きっとまた会えるよ」と諭しました。その子どもはちょっと悔しそうな表情をしつつも、「なるほど！」と納得しているようでした。そして私に対しては、「カエルが見たければ、毎回そこへ出向いていけばいいのです。もちろん、いつもそこにいるとはかぎりません。けれども、そのことによって、自然の姿は常に変化しているのだということを理解することができるのです」と、教えてくれました。

そう言えば、これまで「カエル」をテーマにした保育活動というと、前日にみんなでカエルを捕りに行き、扉を閉め切った保育室でカエルを放して「キャーキャー」言いながらカエルを追いかけては捕まえて遊んでいました。カエルはというと、すべて瀕死の状態でヨレヨレになっていました。なかには、子どもたちに強く握られてご臨終のカエルもいました。かわいそうにと思いつつも、子どものため、保育のためと自分に言い聞かせて、いっしょになって必死の思いで逃げ回っているカエルを子どもとともに楽しく追いかけていました。そして、次の日は、カエルを模倣することから一日がはじまり、表現遊び、リズム遊びへと発展させていったのです（数日後、ひそかに部屋の隅で怯えて縮こまっていたカエルがミイラとなって発見されることもありました）。思えば、カエルに対して大変気の毒なことをしてきたと思います……ごめんなさい。

ほかには、草花、虫、葉などのテーマでムッレ教室の活動が進められました。「草花はむやみに採ってはいけない。自然のものは自然のままにしておくこと。ゴミは自然のものではないので持ち帰ること」などを、高見さんは妖精ムッレの言葉として教えてくれるのです。ムッレが、動物や虫や草花とコミュニケーションができるなんてすてきです。

そして、いよいよ教室の最後の日になりました。つまり、森のムッレとの出会いの日です。いつもお話のなかやペープサートや手人形で「ムッレ」を知っていた子どもたちも、半ば「どうせつくり話やん」といった感じがありました。ところがです。子どもたちは本物の「ムッレ」に出会って大興奮となりました。「やっぱり、ほんまやったんやー」という声があちこちから聞かれました。すると、ムッレの存在とともにこれまでに聞いた話も全部「ほんまのこと」になったのです。

なかには、誰かがムッレに扮装しているのではという疑心も少しうかがえましたが、どうやら幼児たちには「信じたい」、「夢のなかにいたい」という気持ちのほうが強いようです。そして、つかの間の登場であったために、「なんか怪しかったな」などとゆっくり思う間もなく、驚きと感動だけしか残っていなかったようでした。細部に至るまできちんとした工夫がなされていて、本当に感心しました。考えがしっかりしているうえに繊細で、さまざまな配慮のもとに準備がされているのです。

ムッレは本当にいたんだ
（写真提供：荻野尚子）

これまでの保育との違い

これまで私は、「保育のために自然を利用する」という感覚であったと思います。自然に対する畏敬の念、その偉大さや懐の深さなどについてあまり考えてこなかったように思います。そして、自分自身が自然の一部であることも忘れていましたし、保育に活用できるものは何でも「保育材料」と考えてきました。あるときは表現遊びのためのカエルや花であったり、あるときは命の尊さを知らせるためのザリガニやウサギであったりしてきたと思います。たしかに、自然から学んではいるのですが、あまりに自然を道具化しすぎていたようです。

これまで、子どもたちが学ぶ場は当然保育園内や保育室のなかだと思っていました。先にも述べたように、散歩に出ても見つけたものや感じたことなどは保育園に戻ってから改めて話し合うというのが普通でした。私にとっての「普通」が、ムッレ教室を体験してからは「普通」ではなくなったのです。自然は保育材料を取ってくる場所でなく、そこが子どもの学ぶ場所であり、保育の場であるという実感がもてるようになってきました。

せっかく自然がいっぱいある地域にいながら、そしてたびたびその自然のなかに出かけていきながらもったいないことをこれまでしてきたと反省しきりです。大人が少し学ぶことで子どもへの教育的配慮もかなり有効にできることがわかり、もっともっとムッレ教室のことを知りたくなりました。ちょうど、「幼稚園教育要領・保育所保育指針」が改訂されたころで、新しい保育所保育指針がムッレ教室の精神とがちょうど相まって、「環境による保育の重要性」についてて違和感なく具体的に学んでいけたと思います。そういう意味から、ムッレ教室は単に保育活動の一展開方法ではなく、子どもを健全に育むための考え方そのものが集積されているすばらしい具体的な保育方法だと確信しました。

後日談ですが、初めてムッレ教室を実践したあと、保護者の方から「遊園地へ行ってもゴミを拾いはじめるのでちっとも前に進めず、結局、みんなでゴミの始末をした」とか、「汚いゴミや危険なものまで拾おうとするので何とかなりませんか」などのコメントをいただき、その対応に困惑しつつも内心うれしくなったのを覚えています。そして、お母さんたちに次のように言いました。

「そんなとき、まず子どもたちの真摯な気持ちを受け止めて共感してください。そして、やさしい言葉を添えて次の行動を促すようにしてください」

保育園でのリーダーの体験から

現在の勤務先である吉見保育園は鴨庄保育園の隣の地域に位置し、同じく自然に恵まれた静かな場所にあります。定員は六〇人で、〇歳児から五歳児までが兄弟姉妹のようにかかわりあいながら生活しています。ムッレ教室は、鴨庄保育園での活動が紹介され、その理念に共感した当時の園長（故・細見文代氏。現在は和田春道氏）が前山《さきやま》保育園とともに取り入れて今日に至っています。

吉見保育園のムッレ教室は、四歳児と五歳児を対象に、毎年、春と秋に行っています。一シーズンごとに計画を立てて下見と打ち合わせを行い、八人前後の小グループに分けて保育士がリーダーとなってグループごとに活動します。通常の保育とは違って園児の数に対して保育士が多くなりますが、日本野外生活推進協会から派遣されるリーダーの協力や保育園のスタッフをやり繰りして行っています。一週間に一回のペースで一シーズンに六回行い、一回の活動は八時半から一一時までの約二時間半となっています。そして、最終回には保護者にも参加を呼びかけて野外パーティを行っています。

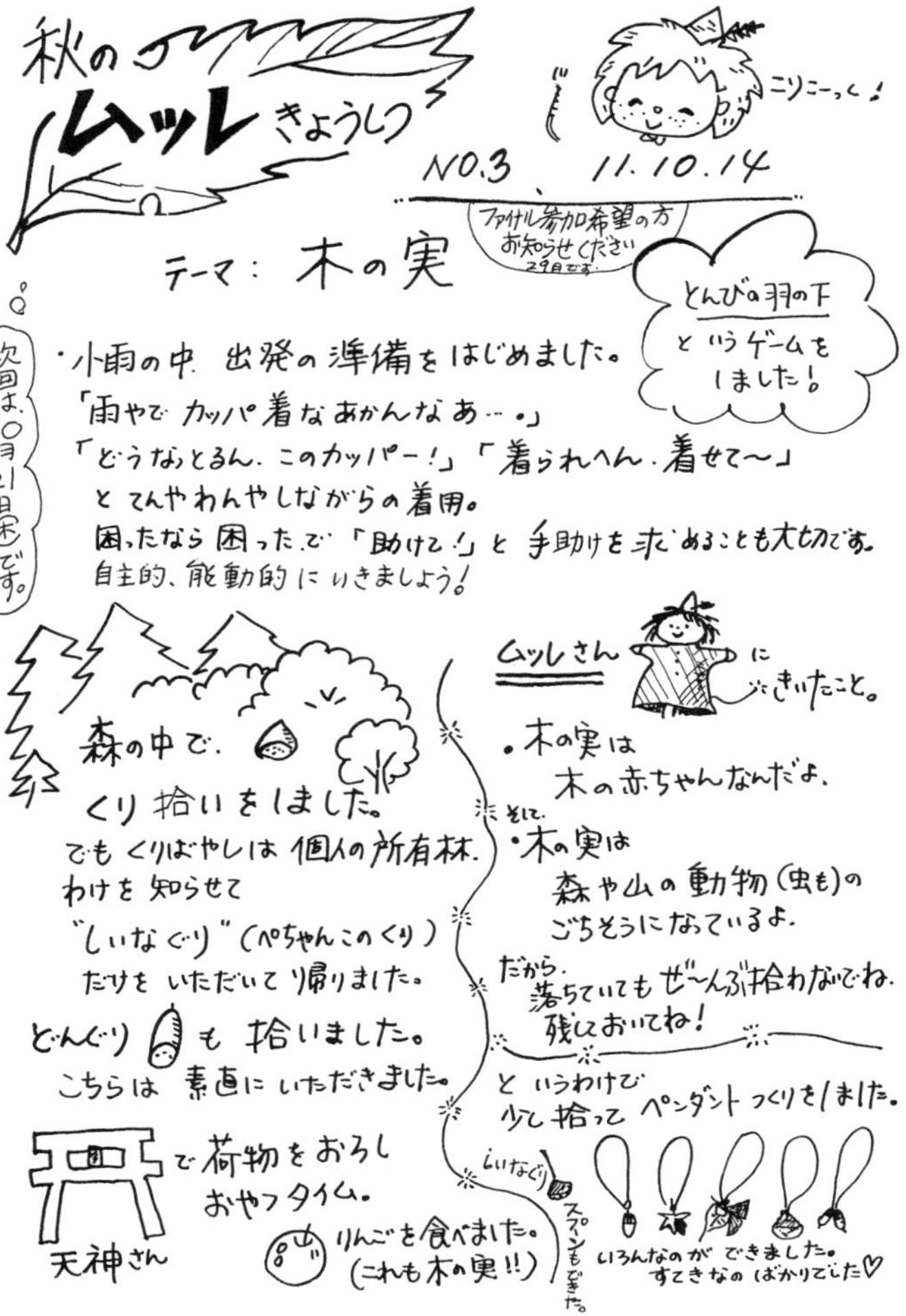

秋のムッレきょうしつ

NO.3　11.10.14

ファイナル参加希望の方 お知らせください 29日です

テーマ：木の実

とんびの羽の下 というゲームをしました！

次回は10月21日(金)です。

・小雨の中 出発の準備をはじめました。
「雨やで カッパ着なあかんなあ…。」
「どうなっとるん、このカッパー！」「着られへん、着せて〜」
と てんやわんやしながらの着用。
困ったなら困ったで「助けて！」と手助けを求めることも大切です。
自主的、能動的にいきましょう！

森の中で、くり拾いをしました。
でも くりばやしは 個人の所有林。
わけを知らせて
"しいなぐり"（ぺちゃんこのくり）
だけを いただいて帰りました。
どんぐり も 拾いました。
こちらは 素直にいただきました。

天神さん で荷物をおろし
おやつタイム。
りんごを食べました。
（これも木の実!!）

ムッレさん にきいたこと。
・木の実は
木の赤ちゃんなんだよ。
そして、
・木の実は
森や山の動物（虫も）の
ごちそうになっているよ。
だから、
落ちていても ぜ〜んぶ拾わないでね。
残しておいてね！

と いうわけで
少し拾って ペンダントつくりをしました。
しいなぐり
スプーンもできた。
いろんなのができました。
すてきなのばかりでした♡

保護者への活動報告　　（資料提供：荻野尚子）

毎回、出発前に必ずメンバーや服装の確認、荷物の確認、目的の意識づけ、森の妖精ムッレとの遭遇への期待を高めることなどの基本的な準備を行います。どんなことにも言えることですが、準備こそが一番大事な活動で、ここに力点を置いて丁寧に進めると子どもたちが自分の衣服や持ち物に愛着をもつようになり、大切に扱うようになっていきます。そして、ムッレとの出会いへの期待が高まることでイマジネーションの世界が広がっていきます。

毎シーズン、一回目のテーマは「自然のエチケット」にします。準備活動に続いて、これから自然のなかへ行くために気をつけることや守るべきことを知らせます。「ムッレ誕生」の秘話（二八ページ参照）と、その存在の意味がわかるピクチャーシアター（携帯用のパネルシアターのようなもの）を自然のなかで楽しみます。そして、「ムッレ」の手人形などを使って「自然のなかにゴミを捨てないこと、森で大きな声を出さないこと、木の枝を折らないこと、草や花をむやみに根っこから採らないこと」などを約束事として伝え、子どもたちが自然への畏敬の念を感じるように働きかけていくのです。そして、二回目からの活動はそれを基本として行っていくのです。

四歳児を対象とした「草花」がテーマとなった日、一人ずつに草花の標本づくりをするための台紙と友達と共用の小さなセロテープを持って出発しました。目的地に向かう道ばたの草花にも目を留めながら歩きます。リーダーは、車や危険な場所に十分に注意を払いながら、安全な場所で草花が採集できるようにします。目的の草花が見つかったら、セロテープで台紙に貼り付けて標本づくりを楽しみます。台紙には、あらかじめ数種類の草花を描いたり図鑑をコピーしておき、採取のたびにそれと照らし合わせたり友達と教え合ったり確認しながら貼り付けて、標本を仕上げていくのです。

園　児……　これやないか？　この絵といっしょや。

リーダー…　どれどれ、ちょっと調べてみようか。はっぱは？　花は？

園　児……　あ、やっぱりいっしょや。

リーダー…　この図鑑も見てみて。名前は、カラスノエンドウやて。

園　児……　カラスノエンドウ見つけたでー。おーい、これやでー。
セロテープかしてー。

ポケット図鑑は必携です。やっぱり、「知りたいときが学びたいとき」なのです。でも、こんなときもありました。

園　児……　ねえ、見てみてー。こんなん見つけたでー。

楽しい標本づくり
（写真提供：荻野尚子）

リーダー……わあ、きれいなお花やねえ。すてきやねー。いいにおい、どこでみつけたの。

園　児……ここー。あっちにもあったよー。

リーダー……なんて名前かなあ。調べてみよか。（……けど、のってないんだなー。その花って）

園　児……わたしにも見せて。

リーダー……いっしょに調べよか……ないなあ。

園　児……違う本にのっとるんかもなあ。

リーダー……そうかもねー。調べてわかったら教えてね。


このように、調べたいものが載っていないときもあります。もし、見つけたものがその図鑑に載っていないということがわかっている場合でも、ある程度調べる姿勢を見せます。その姿こそ大事で、「とりあえず調べる」、「自ら何とかしようとする」という能動的で積極的な姿を子どもたちに見せるようにします。

ひょっとしたら、手持ちの図鑑には、草花や虫や鳥だけでなく車や飛行機など、その日のテーマとは関係のないものが載っていることもあるかと思います。ときには本題からはずれてほかのページを見入ってしまうこともあるでしょうが、図鑑のすばらしさに気づいたのですから「よし」としなくてはいけません。できれば、リーダー（保育者）が前もってその図鑑の内容を把握しておくようにしましょう。

「草花」をテーマにしたときには、標本づくりなどや「花鬼」というゲームを楽しみます。そして、草花の成長に欠かせないものとして「太陽の光、土、水、空気」などが必要であるという話をムッレから教えてもらいます。それによって、一人ひとりに名前があるように草花にもそれぞれ名前があることや、緑一面の草原に見えていたけれど、実は一つ一つ違う姿や形の草の集まりであったこと、またそれぞれの草花は自らの力だけで生きているのではないということを感じとるようになります。活動を通して、昨日まで見えなかったものが見えるようになり、感じなかったことを感じるようになっていくのです。

ムッレ教室で取り上げるテーマの考え方の基準として、「生産者」と「分解者」という観点があります。生産者としては、「葉」、「苔」などがあります。また、分解者としては「ミミズ」、「ダンゴムシ」、「キノコ（菌類）」などが挙げられます。ムッレ教室を通して、自然のものは自然のなかで何らかの役割をもってかかわり合いながら生きている、そして、それぞれがその役割を果たすことですべてが成り立っているということが感覚や身体全体でわかるようになっていきます。

生産者としての「苔」をテーマにしたときがありました。私は、それまで苔が子どもの遊びのテーマになるとは考えたことがありませんでした。というより、苔そのものが自分の意識に上ることはありませんでした。苔ほどバランスのとれた水分の提供者はありません。植木鉢に利用するように、苔は水分を保って土の乾燥を防いでくれます。苔が存在しなかったら日照りのときにはすぐに渇水して、多くの植物が枯れてしまうのです。そしてまた、ある種の苔はクマが冬ごもりするための布団の役割をしているのです。

たしかに、さわってみると本当にふかふかで気持ちがいいです。また、ルーペでよく見ると、とても美しいのがわかります。汚れなくひっそりとそこにあって、きちんと役割を果たしている。清潔感あるその美しさに触れたとき、心が洗われるような気がしました。まるで、私が学ぶべきところを教えてくれているかのようです。ムッレ教室を通して、普段気づきにくいものに気づくということを教えられたのは、ほかでもない私自身だったのです。

また、分解者としてよく取り上げるのは「キノコ」です。「キノコ＝菌類」という解

キノコやミミズは「分解者」として大切な役割をもつ　©Eva Rönnblom

釈です。自然物に菌が繁殖すると腐ります。たとえば、倒木はそのままそこにあるといつか朽ち果ててやがて土になります。それは、ほかならぬ「菌」の仕業で、菌が繁殖することで木が腐ったのです。そして、木が腐ってできたその土は次の新しい生命を育む栄養となります。つまり、自然は循環しているのです。

「菌」を実際に目にするのは困難ですが、その親分である「キノコ」は森に入れば簡単に見つけることができます。倒木や、枯れかけた木に生えています。子どもたちと必要な約束（毒のあるものもあるので絶対に食べない、やたらに採らない）をして、キノコ探しをはじめます。気をつけて歩くと、いろんなキノコがたくさん見つかります。横たわった倒木も長い年月を経てやがてなくなるので「キノコは森のおそうじやさん」であり、木などに繁殖している様子を「キノコが食事をしている」と表現して子どもたちに伝えます。こういった自然の摂理を、自然のなかで楽しみながら身体全体で子どもたちが学んでいくことをムッレ教室の狙いとしています。

幼少期にこそ自然体験を

自然のなかで遊びや体験は、子どもにとって大変重要なことであると誰もが思っていると思います。しかし、なぜ「自然のなか」であるのが望ましいのか、どうして室内や園庭より「自然のなか」がよいのか、ということを考えてみたいと思います。

人間は、地球に生きる生物の一種であり、地球の一部です。地球は一軒の家で、人間はそこに住む家族の一員です。ほかのさまざまな生き物、つまり家族とともに協力して、一つの家庭生活を営んでいるのです。その協力関係を実際に感じ取るためには、自室から出てリビングでみんなといっしょに会話や食事をする必要があります。温かい関係を保つためには、家族を理解し、交流を深め、愛を確かめ合わなくてはならないのです。「自然」のほうでも、私たちにその交流の誘いかけをし、理解を求めていると思います。

誰でも、幼いころに自然のなかで過ごした経験はあるでしょう。自然は、変化しつつも同じような状況を何度となくつくってくれます。自然は、その形、色、におい、音、そして感触をともなって記憶の底にとどまります。そして、必要なときに必要な情報をつれて生きる力に呼びかけてくれるのです。子どものときに、信頼できる大人や友達とともに自然のなかで楽しい体験をすることは、幹となり枝葉となってその後の人生を支えていくものと思います。

自然は子どもたちに、生きることに必要なほとんどすべてのことを学べるだけの教材を用意してくれています。運動をさせ、神経を機敏にさせ、考えさせ、判断させます。待つことや辛抱すること、驚くことや喜ぶこと、思いやることや愛すること、そして協力することなどを感覚的に学ばせてくれます。人間はもともと自然のものなのだから、学ぶべきものが自然のなかにあるのは当たり前のことだと言えます。

森のムッレ教室は、そのような自然の力を十分理解して考え出されたものであり、自然の摂理を学ぶことを目標としたその先にもっと大きな目標をもっています。というのは、社会のなかでしっかりと意見をもって生きていく「人」を育てることです。友達と協力しながらいっしょに活動する、ルールを守って行動する、自然のことを理解して大切に思う、想像力を生かす、よく考える、身体を丈夫にする、感性を豊かにするなど、社会のなかで生きていくために必要な能力が総合的に育っていくという実感があります。私は、ムッレ教室を優れた「教育の方法」だと理解しています。ムッレ教室の巧妙な仕掛けに気づくたびに、創始者であるヨスタ・フロムさん（一二二ページ参照）が「命」の尊さについて深く理解し、そのことをどんなに大切に思っていたかを感じとることができます。

イマジネーションの世界に浸りきれるという幼児期の特性を生かし、「ムッレ」という森の

自然は教材そのもの（写真提供：日本野外生活推進協会）

妖精を登場させて物語の世界に誘い込み、夢と現実の狭間を行ったり来たりする心地よさをたっぷり味わいながら万物の命と役割について考えていくという方法は、発達段階の子どもにとっては最高の方法であると思います。地球上のすべてがつながっていて、そのなかに自分が位置づけられて生かされていること、また自らが他を生かしている存在であることを体感できたことが、私自身にとっても大変うれしいことでした。

さて、「こんなに自然の大切さを叫ばれても私の身近なところにはこれといって自然がないから仕方がない」と言われる方もいるでしょう。自然に抱かれるのは大切なことですが、それ以上に大切なことがあります。自分の住んでいる場所を愛すること、その場所にあるわずかな自然にこそ目を向けて慈しむことです。ビルの合間や街路樹の根本にも草が生え、アリやクモだけでなく苔や落ち葉を見つけることもできるでしょう。わずかな自然であっても、直接触れて楽しんで好きになったなら、もっと大切にしたいと思うでしょう。

まずは、自分の住んでいる場所に生きている生命を知り、理解し、どうかかわっていけばよいのかをみんなで考え合っていくことが大切だと思います。自分の身近な人や生き物や土地を好きになることは、自分自身をも好きになることだと思います。自分を自分で肯定し、主体的に生きてほしいのです。まずは、身の周りの自然に目を向け、ありのままを見つめてください。そしてそのうえで、なるべくより身近で自然いっぱいの場所を見いだし、心地よい感触とともにさまざまな体験をすることをおすすめします。

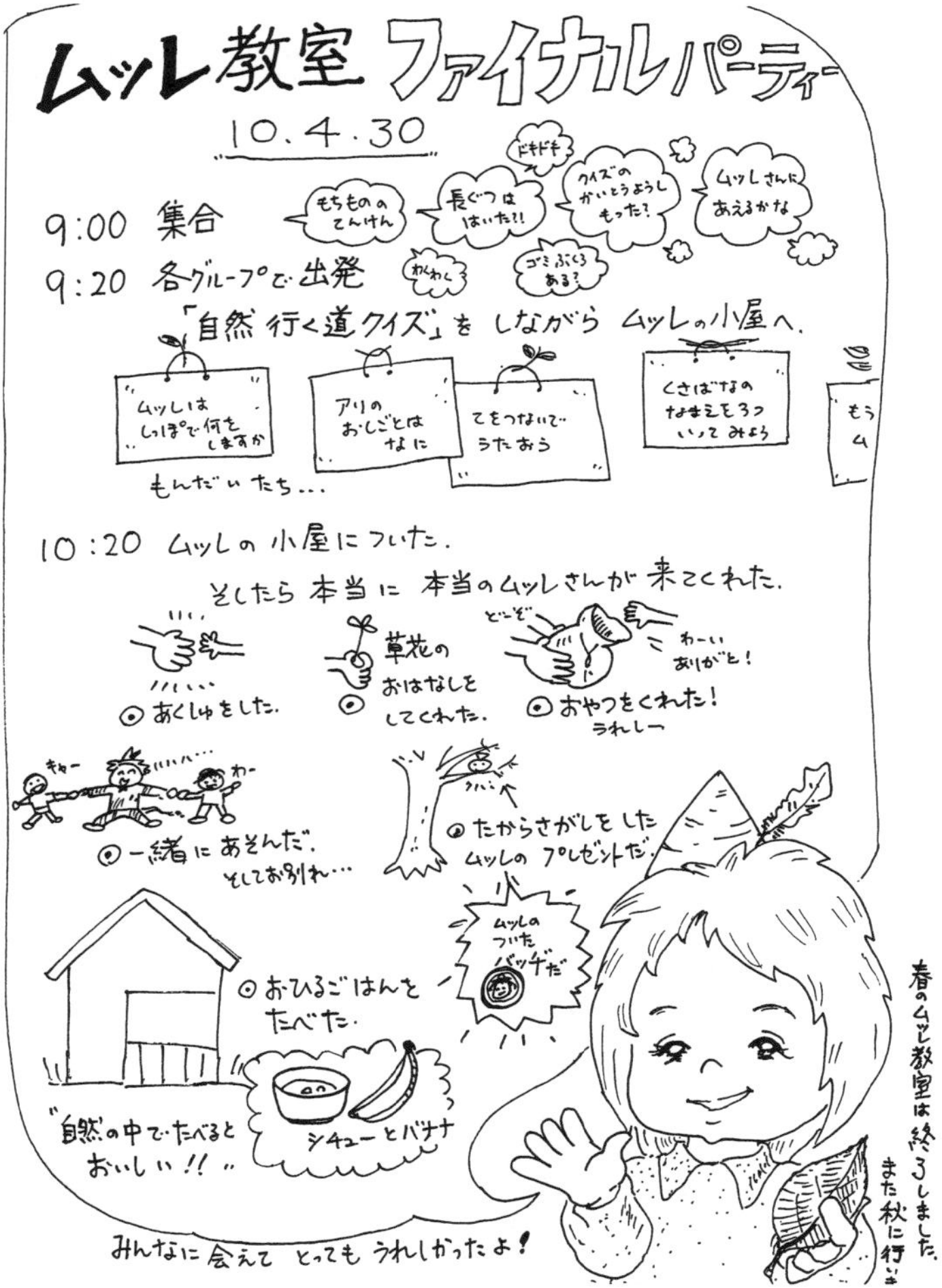

ファイナルパーティのお便り　（資料提供：荻野尚子）

まずはリーダー養成講座を

言うまでもなく、ムッレ教室は長い期間にわたって行う環境教育ですが、そこには幼児教育をいかに行うかというヒントが集約されているように思います。私自身、十数年にわたって活動しているなかで学び切れないような奥の深さと広さを感じています。この活動の具体的な展開方法は、リーダー養成講座で学ぶことができます。さらにもっと具体的には、実際の活動を何度か体験することによってわかってきます。「森のムッレ教室」は、身体全体で学んでこそ意味をもつのです。

幼いころに自然のなかで遊んだ経験のある人は、その思い出が講座や活動のなかでよみがえってくるでしょう。そして、その思い出の感動は子どもたちに波及し、次の世代へと引き継がれていくことになるのです。

とはいえ、「そのような体験は私にはないわ……」と言われる方もいらっしゃるでしょう。でも、ご心配なく。講座で体得したことをもとにプログラムを組み、まずはそれに沿って行っていけばよいのです。初めは型通りのような窮屈な思いがするかも知れませんが、何度か体験するうちにその良さ

©荻野尚子

を体感し、自分なりの方法でムッレ教室を進めていくことができるようになります。

子どもたちは、必ず何かを発見して感動をします。リーダーも子どもに共感していくうちに、自分のなかに新しい感性が芽生えてくるのを感じるようになり、徐々に自然が好きになっていくでしょう。子どもの心をわかろうとする人なら大丈夫です。子どもや自然に育てられていく自分を感じ、感謝をし、それを活動にフィードバックさせることができたら最高の保育活動になると思います。

この活動を、ぜひとも保育に取り入れたいと思ったら、まずリーダー養成講座を受講することをおすすめします。ほかの人に自分の思いや考えをきちんと伝え、わかってもらえるまで説明してください。自然が好きな人はもちろん、「私は自然界のことには疎いから」という人こそ体験してほしいです。ムッレ教室がもっている可能性を、ぜひあなた自身で感じていただきたいのです。

2 新潟県支部立ち上げへの道のり

日本野外生活推進協会新潟県支部事務局長
（元山五十嵐保育園園長）　阿部　桂子

森のムッレとの出会い

私が初めて「森のムッレ教室」という言葉を聞いたのは、一九九三年に新潟県立女子短期大学で児童福祉論の講師をされていた櫻井慶一（現・文教大学教授）先生が開催された「社会福祉セミナー」に参加したときのことです。そのときに講師として呼ばれていたのが、市島町でムッレ教室の活動を行っていた西躰通子さんだったのです（第4章参照）。言うまでもなく、講演の内容はムッレ教室で行われている自然教育法についてでした。

当時、新潟県内の保育園でも自然のなかで過ごすことが推奨されていましたが、ムッレ教室について知っている人は誰もいませんでした。私はそのころ公立の保育園で園長をしていましたが、それまでの保育士としての長年の経験から、自然教育の重要性についてはかなりの興味をもっていました。担任の保育士が不在のときなどは、海辺にある海浜公園の松林に出かけていって自然のなかで思う存分子どもたちと遊んだり、探検をしたりしました。ときには、近くを流れる信濃川まで出かけて河川敷で過ごすという一日もありました。寒い冬でも外に出かけ、ソリ遊びをしたり雪の上に寝ころんで空を見上げて、雪が舞い降りてくる様子を子どもたちといっしょに眺めたりもしていました。

たしかに、これらの自然のなかでの遊びはとても楽しいものでした。子どもたちにとってはいい思い出となる経験に違いありません。しかし私は、この「遊び」の経験を、自然を大切にすることを「体験して学ぶ」機会にできればと考えていました。そして、そのためには、一年を通して野外で活動ができればと考えたのです。雨や風、雪のときでも外へ出かけ、あらゆる天候のもとでの自然の変化を感じることでこそ、一貫した環境教育ができるのではないかと思っていたのです。しかし、当時の保育園では雨や天候の悪いときには戸外に出ないことが当然と考えられていたのです。

それでも何とかして保育に「環境教育」を取り入れたいと思って教材を探したりもしましたが、保育者自身への自然環境教育に関する意識や知識を向上させる啓蒙が足りなかったのか、幼児向けの環境教育の教材は探し出すことが困難な状況でした。また、たまたま幼児向けの自然を題材にしたゲームを見つけても、複雑すぎたり小道具を用意しなければならなかったりと、私が希望するような環境教育のプログラムにはなかなか出合えませんでした。そんなとき、このセミナーに参加したのです。

このセミナーで森のムッレ教室の話を聞いたとき、これこそが私が待ち望んでいる自然教育法だと確信しました。というのも、ムッレ教室のモットーが、「天候にかかわらず野外活動をする」ということだったのです。適切な準備と服装をきちんとすれば、雨天でも野外で活動ができるのだということをこのとき初めて知りました。

さらに、ムッレ教室は年齢ごとの段階を踏んで体系的に自然教育を行っていくというのです。幼児期には自然のなかで安心して快適に過ごすことに焦点を当てて、年を重ねるにつれて高度なプログラムを積み重ね、最終的には自然保護に責任をもつ意識を育ててゆくのです。そしてそこには、わかりやすく、そして楽しく子どもたちにエコロジーについての気づきをもたらすための方法論がありました。

人格形成期である幼児期に、五感を通して体験したことは一生記憶のなかに残ってゆきます。ムッレ教育を体験することで、成長してから自然を大切にしようとする気持ちが芽生えてくることでしょう。ムッレ教育は、子どもの心身の発達を踏まえるという、基本をふまえた総合教育とも言えると思ったのです。私はセミナーを聞いて、すぐさまムッレ教室を実践したいと思ったのです。

しかし、私の前に難問が立ちはだかりました。それは、制度的な問題でした。現行の保育制度では、公立の保育園には共通のカリキュラムが規定されているために特定の教育方法を導入することが許されていないのです。もちろんそれは、自然教育プログラムの「森のムッレ教室」にも該当します。さらに、公立の保育園では職員の異動が多いため、ムッレ教育の方法や理念を理解してもらって定着させることは非常に難しいことでした。そのため、私は公立保育園での導入を諦めたのです。

しかし、私は、どうしてもムッレ教室を実践したいという思いを捨てることができませんでした。

市島町でのリーダー養成講座

そこで、まず私自身がムッレ教育について学ぶ必要があると考え、日本野外生活推進協会の本部に連絡をとりました。すると、本部から「リーダー養成講座」が開講されるとの返事をもらいました。もちろん、私は早速申し込みをしました。そして、「本部のある市島町とはどんなところだろう?」、「リーダー養成講座ではどんなことをするのだろう?」といった思いをめぐらせながら、久しぶりに学生に戻ったような気分になって胸が高鳴ったことをいまでも覚えています。

そして、一九九四年の五月、未知なる不安と好奇心を抱きながら念願の市島町に到着したのです。二泊三日のリーダー養成講座の舞台となったのは妙高山神池寺の山でした。この山は、かつて天台宗の修験道として開山したそうです。一般の人は山に入ることができなかったため、今日でも手つかずの自然が残っているということでした。うっそうとした森のなかの池には、豊かな生態系のなかでしか繁殖できないモリアオガエルが産卵に来るのだそうです。

講座では、五〜六歳児を対象とした自然観察の方法やいくつかのゲームを実際に体験したのですが、私の期待とおり、ムッレ教育の方法は子どもの心身の発達に合わせたものでした。

たとえば、子どもたちは物語を聞くことが好きです。この年齢の子どもたちは、聞いた話を発展させて自分で空想を膨らませていくことができます。もちろん、それが長い話であっても、想像力を働かせてワクワクしながら飽きることなく聞くのです。そんな子どもたちが、ファンタジーの世界そのものの森の妖精ムッレの話を聞いてワクワクしないはずがありません。ムッレは自分のシッポで森に落ちているゴミを掃除します。そして、みんなに手伝ってくれるようにやさしく語りかけます。そんなムッレの話を子どもたちにしたらどんな反応をしてくれるだろうかと想像しながら、講座のプログラムの一つ一つを胸を弾ませながらこなしていきました。

プログラムのなかで、講師の高見豊さんに導かれて山に入って自然観察をしていたとき、歩いていた道の後方から突然「メリメリ」と大きな音が聞こえてきました。ふと振り返ると、いままさに倒れんとしている大きな木が目に入りました。その巨木は、まるで命のともし火がゆっくりと消えるようにスローモーションで「ズシーン」という地響きとともに地面に倒れました。私は、一〇〇年以上も続いた命の一つが、森のなかでひっそりと幕を閉じるという場面に遭遇したのです。私の目には熱い涙があふれ、胸の鼓動が早くなっているのを気づきました。自然の不思議さと神秘さを、私はムッレ教室を通して体感したのです。

早速、高見豊さんは倒れた木の周りに受講生を呼び集めました。それは、自然の循環について「生きた授業」のはじまりでもありました。木のなかには、たくさんの生き物が棲んでいます。キツツキなどの鳥は、木に棲んでいる虫を探すために嘴《くちばし》で木に穴を開けます。そして、その木はリスやフクロウ、ムササビなどの小動物の住まいでもあるのです。そのため、年をとった木ほどたくさんの穴が開いているのです。やがてその穴は軟らかくなり、そのなかに苔茸類が繁茂するようになります。そして、空洞が多くなった木は支える力がなくなって倒れていくのです。

しかし、この物語はここで終わりませんでした。この倒れた木を、今度は虫たちや菌類などの生き物が食べることで分解され、次の生き物たちを育む「栄養のある土」となってゆくのです。この繰り返しこそが「自然の循環」であるということを学んだのです。ムッレ教室のすばらしさを実感した私は、こうしてムッレ教育にかかわる第一歩を歩み出したのです。

その後、私は一九九七年五月に再び市島町へ出かけ、再度リーダー養成講座を受講しました。自然環境は季節や時間帯によって刻々と変化しており、それらを体験することがムッレ教育を学ぶために重要であると考えたのです。受講を受ければ受けるほど、ムッレ教育をより深く理解できるようになるということがわかりました。

新潟の保育園でムッレ教室を

市島町でのリーダー養成講座を終えて、今後どうやってムッレ教室を新潟で広めていけばいいのかと頭を悩ませました。もちろん、新潟県内にいるムッレ教室のリーダーの資格をもっているのは私だけです。たった一人の力では、当然、保育というすでに確立された世界にムッレ教育を取り込むことが難しいということはわかっていました。そこで思いついたのが、私が新潟においてリーダー養成講座を開講することでした。この養成講座でムッレ教室のすばらしさを一人でも多くの方に体感してもらい、リーダーを育てて地域で実践してもらえればいいのです。これこそが、ムッレ教室を広める効果的な方法ではないかと考えたのです。

そう考えはじめた矢先の一九九八年、私は私立の保育園である「社会福祉法人山五十嵐保育園」の園長に就任することになったのです。山五十嵐保育園は自然に囲まれており、野外活動を行うにはもってこいの場所でした。ここで、子どもたちといっしょにムッレ教室を実践しようと私は決意したのです。

そのためには、まず保育園の保育士たちがムッレ教室を実践できるように、一刻も早くリーダー養成講座を開講しなければならないと思いました。しかし、新潟市で自ら講座を開講するためには資金が必要です。その資金をどこから調達しようかと考えていたちょうどそのとき、新潟市から「ボランテイア活動助成金」が交付されるという話を聞きました。これは、新潟市が地域に貢献する市民活動に、三年にわたって補助金を出すというものでした。そこで私は、リーダー養成講座を開講するという主旨に賛同してくれた新潟市内の児童センターの職員である小川彩子さんの協力を経て、「新潟・森の学校ムッレの会」（以下、ムッレの会）を設立するという計画を立てました。

当時私は、「日本レクリエーション協会」のコーディネーターとして新潟市レクリエーション協会の事務局に籍を置いていました。そこでいっしょに活動していた仲間たちが、会員になって会費を出資してくれたのです。そのなかに、次節でご紹介する山五十嵐保育園の保育士である五十嵐裕子さんがいました。彼女は、今日に至るまで森のムッレ協会新潟県支部の中心人物の一人として活躍しています。

こうして立ち上がったムッレの会を主体として、「自然環境教育リーダー養成講座」を開講するということを主旨として新潟市に応募しました。その結果、新潟市から助成金が下りることになり、一九九八年一一月七日〜八日、新潟で第一回目となる「森のムッレ・リーダー養成講座」を開講したのです。

新潟県支部の設立へ

ちょうどそのころ、日本でも自然保護への

ムッレ教室を楽しみにしている子どもたち（写真提供：阿部桂子）

関心が高まっていました。保育界においても幼稚園教育要領の改訂にともなって保育指針が改訂され、そのなかで自然環境教育が強調されました。そのような状況のなかで、一九九八年八月、新潟県の私立保育園協会はスウェーデンの環境教育を視察するために「北欧の保育視察研修旅行」を企画しました。この海外研修には、先に紹介した櫻井慶一教授を中心に県内の園長二〇人が参加し、スウェーデンの「ムッレボーイ保育園」（一九ページ参照）などの野外保育園を視察しました。

このことが、県内の園長レベルでのムッレ教室に対する関心を高め、さらに各保育園の保育士たちに新潟でのリーダー養成講座の受講が奨励されるというよいきっかけとなりました。また、櫻井教授が「新潟日報」にこの視察の報告とともに「新潟においてムッレ教室リーダー養成講座が開催される」ということを告知してくれたこともあり、県内の町長のなかには趣旨に賛同してくれる方もいて、町内の公立保育園の保育士たちを養成講座に参加させてくれたのです。これ以外にも、この講座には秋田県、神奈川県からの申し込みが殺到し、募集枠を超える五〇人近くの保育士が参加することになったのです。

講師としては、会長の高見豊さん、高見幸子さん、西躰通子さんを招き、場所は新潟市内の自然豊かなホテルの敷地内となりました。講座を開催するのは初めてということで不安ではありましたが、受講生が講座を楽しんでいる様子を見て安心しました。そういえば、おかしなハプニングもありました。森の妖精ムッレが登場するクライマックスとも言える場面で、受講生がムッレを呼ぶときの掛け声である「コリコッーク！」と叫んだときのことでした。ちょうど、そこがホテルの調理場の裏手であったため、なんと調理場の戸が開いてコックさんが出てきたのです。全員、お腹を抱えて笑い転げてしまいました。

そんななごやかな雰囲気のなかで講座は進んでいき、また講座内容に対する受講生の反応もよく、二日間のプログラムはとても充実したものになりました。この講座の成功のカギが、地域の友人たちのボランテイァ精神にあったということは言うまでもありません。

以後、毎年一～二回はリーダー養成講座を新潟で開くことになり、これまでに新潟県内で森のムッレ教室を取り入れる保育園が七団体になりました。そして、ついに二〇〇〇年七月一日、私たちの活動が評価されて、日本野外生活推進協会から「日本野外生活推進協会新潟県支部」の発足が認められたのです。この日に行っていたリーダー養成講座の終了後、早速、新潟県支部設立総会を開催しました。

総会では、支部長にみたけ保育園の橋本園長と、役員には各地区から園長が選出されて支部の規約も承認されました。そして、本部からは新潟県支部旗が贈呈されました。新潟県支部の事務局は山五十嵐保育園内に設置され（現在はみたけ保育園内）、三名が事務局業務を担当することになりました。多くの人々の協力を得て、新潟県支部がスタートしたのです。

新潟県支部の活動

一人でも多くの保育士がそれぞれ所属している保育園でムッレ教室が実践できるように、新潟県支部は、保育園の職員を中心に多くのリーダー養成講座を開催してきました。その結果、新潟県支部内にも私を含めて三名の講師が誕生し、より頻繁にリーダー養成講座を開くことができるようになりました。現在、毎年約一〇回ほどのリーダー養成講座や各種の研修会を開催しています。

そのなかには、すでにリーダーとなった保育士を対象として、一～二歳児向けの野外教育プログラム「クニュータナ教室」のリーダー養成講座や、さらに野外活動や自然観察のスキルを身に着けられるようにと、リーダーの「ステップアップ研修会」も年に二～三回実施しています。それ以外にも、ムッレ教室を取り入れている保育園からの要請に応じて出前研修も行っています。とくに、日常の保育カリキュラムのなかにムッレ教育をどのように取り入れるかということは保育士たちがもっとも必要とするノウハウです。ですから、研修のなかではその点に焦点をあててプログラムを組んでいます。

また、新潟県支部では、ムッレ教室の教材の開発にも大きな貢献をしてきました。たとえば、ムッレ教室オリジナルの歌がその一つです。スウェーデンへ研修に行ったとき、まず気づいたのは子どもたちがゲームや遊びの合間によく歌を唄うことでした。現地で歌われていた曲は、ムッレの創立者であるヨスタ・フロムさんが作詞・作曲したものでした。

しかし、その歌詞はスウェーデン語のため、日本の子どもたちには歌えません。保育の現場にいる私たちにとって、子どもたちといっしょに歌を歌うことは日常でもあります。そこで、高見幸子さんの協力を得て、ムッレ教室で歌われている歌の九つすべてを訳して日本語バージョンをつくったのです。こうして、日本全国のムッレ教室でこれらの歌が唄われるようになったのです。そして二〇〇六年には、新潟県支部の主導でこれらの歌を収録したＣＤも作成しました。

ムッレのうた
ぼくは森のムッレだよ　出会ったことありますか
あなたは森のムッレ
森のなかは毎日楽しいよ　とっても楽しいよ
コリコック　コリコック　コリコック　森へ行こう
コリコック　コリコック　コリコック　ムッレと行こう
ぼくらは花と木とみんなと友だちよ
さあいっしょに行こう　きれいな森へ

新潟県支部のこれから

二〇〇六年現在、新潟県支部に加盟している保育園は一四団体で、リーダーは一五〇人に上ります。先述したように、新潟県支部の特徴は保育園を対象としているということです。そこでは、リーダーの資格を取得した保育士たちが日々の保育のなかでムッレ教室を実践しています。

幼児期の子どもたちは、毎日新しいことを発見し、それらをどんどん吸収しながら成長してゆきます。そのため、日常の保育のあり方が大きく影響していきます。その意味でも、日常生活のなかでムッレ教室の実践を積み重ねることで最大の効果を発揮することができます。そして、この姿が私は理想的な形であると考えています。それ

リーダーの資格をもつ保育士による野外活動（写真提供：阿部桂子）

ゆえ、保育士もまた自分自身が自然を理解し、子どもたちとともに楽しむことができるように常にスキルアップを心がけなければなりません。

担任の保育士がどれだけ自然を好きかということが、ムッレ教室の成功のカギを握っています。ですから、保育士への環境教育も重要となります。私は、新潟県立女子短期大学の櫻井教授が文教大学へ異動する際に、彼の担当していた保育士養成過程の講義を引き継ぎました。それ以来、非常勤講師として、生活福祉学科の二年生を対象に自然保育の講義を行ってきました。そのなかでムッレ教室の紹介を続けています。もちろん、講義では自然との触れ合いを重視し、年一五時間の授業時間の三分の一は野外での実習を取り入れています。私の願いは、子どもたちに日々接する一人ひとりの保育士が自然環境教育に意識を向けてくれることなのです。

今後も新潟県支部は、保育や教育のなかにムッレ教育を取り入れる施設が一つでも増えるように普及活動を行っています。先述したように、現在、新潟県支部でも三名がリーダー養成講座の講師を務めるまでになりました。このことによって、忙しい保育士たちが新潟において講座を受けることができます。また、日本野外生活推進協会は年に一二回のリーダー養成講座を開催していますが、その半数は新潟県支部によって新潟で開催されています。その際、保育園長の交流会を開催するなど園長への呼びかけも行っています。これまでの経験から判断して、園長の理解を得ることがムッレ教育を導入するときの重要なポイントとなります。そのため、園長会の視察の受け入れなども行っています。その成果として、山形県の保育園でもムッレ教育が取り入れられるようになりました。

先述のとおり、新潟県支部は一九九八年より「スウェーデン野外保育園研修旅行」を実施していますが、二〇〇四年からは、このスウェーデン研修をさらに効果的なものにするために参加人数を限定してスウェーデンでの実習を取り入れています。体験実習は二日間のプログラムからなり、受講者は三つの園に分かれて子どもたちのなかに入り、高見幸子さんとリンデ夫妻の指導のもと、実際に野外活動を体験します。

私自身が実際に体験してみて驚いたのは、スウェーデンの野外保育園では、たとえ三歳児が岩によじ登って滑り落ちようとしても手を貸さないということでした。私たちは、子どもたちが安全に遊んでいるかを常に注意をして、危険そうであれば止めさせたり手を貸したりします。しかし、スウェーデンの保育士は子どもたちの様子を見守り、子どもが転んだら一人で立ち上がるように声をかけるだけなのです。

彼らは、次から転ばないように遊んだり歩いたりすることを子どもたち自らが学ぶべきだと考えているのです。また、子どもたちが自らの身体能力を超えて遊ぶことはしないということを知っていました。このように、スウェーデンでの保育士と子どもとの関係のあり方は日本と大きく違っており、それは体験することによって初めて感じ取ることができたのです。

二〇〇四年秋、新潟県支部から一〇人の保育士がスウェーデンでの実習を受けましたが、その一人で、現在は新潟県三条市のひまわり保育園園長である大竹順子さんの感想を以下に紹介したいと思います。

ムッレ教室の発祥の地スウェーデンでは、保育園からわずか五分ほどで森のなかに入ることができます。ここでは、自然そのものが子どもたちの遊具です。逆に言えば、自分から自然に働きかけなければ遊ぶことができない状態です。そのなかで、子どもたちは自分の五感、想像力、創造力を最大限に働かせて遊びを展開させていました。

子どもたちの遊びを注意深く見てみると、同じ素材の自然のものでも子どもによっては遊びも異なることに気づきました。自然発生的に仲間が集まり、いっしょに遊んでいたり、小さい子どもが大きい子どもの真似をしようと一所懸命になったりしている姿を見て、それらの一つ一つが子どもたちの生きる力につながっていると感じました。与えられたものではなく、日々の森での何気ない生活のなかで培われることが、子どもの意欲を促す源になっていると感じたのです。

また、森のなかは静かにしていなければ先生の声は聞こえないし、しっかり集合場所を覚えていなければ迷子になる可能性があります。それらも子どもたちに集中力を与えている理由のようでした。ムッレ教室を通して私たちは自然から多くのことを学ぶことができるのだということを知りました。そして、自分自身がもっと自然に近づけるように努力していきたいと思いました。

この新潟を舞台として着実に広がっているムッレ教育ですが、私たちの活動はまだまだこれからも発展させていかなければなりません。新潟では保育園での実践が中心なので、ムッレ教室を終えた保育園児たちが次の段階である小学生低学年向けの「森のストローバレ教室」（二二一ページ参照）に進むことができないでいます。そのため、地域のボランティアや小学校の先生のなかからリーダーを育てて、ストローバレ教室ができるように環境を整えてゆくことが今後の課題となっています。そして、何よりいま一番望んでいることは、これから若い保育士たちがムッレ教室のリーダーとしてのスキルを磨いて自主的な活動を展開していくことです。

森のムッレ教室は、その活動の素晴らし

ムッレ・リーダーとして成長していく若い保育士（写真提供：阿部桂子）

さから時間をかけてさまざまな地域に広がっていく可能性を秘めています。この活動が将来の世代にもずっと受け継がれていけるよう、若い人たちの活動に期待をしています。

3 保育園でのムッレ教室体験記―新潟編

新潟県支部事務局
（元山五十嵐保育園保育士／現みたけ保育園保育士）五十嵐裕子

森のムッレとの出会い

私が森のムッレ教室と初めて出合ったのは、先述の阿部桂子さんが園長を務めている新潟市内の山五十嵐保育園に保育士として着任して二年目を迎えた春のことでした。ある日、阿部園長から、「新潟でムッレ教室のリーダー養成講座を開講するから手伝って欲しい」と言われたのです。なかば職務命令のようなものでした。そう感じたのも、正直なところ私は野外活動が苦手だったからかもしれません。実は、日々の保育活動のなかでも、できれば屋外での活動は避けたいと思っていました。

そんな私の考えが変わる転機となったのが、このリーダー養成講座でした。そのとき、講師を務めた高見豊さんと高見幸子さんの講義を受けて、まず感心したのは自然のなかは遊びの宝庫だったということです。私も保育士としての経験から、子どもといっしょにする遊びやゲームを多く知っていました。しかし、ムッレ教育に出合ってからは、木の葉一枚でも何通りの遊び方があり、そして創造性を掻き立てる遊びを展開できることに初めて気づいたのです。遊びを通して自然に触れることで、自然のなかのものを理解してゆくのです。私は、新しいゲームを習うプロセスで、自分の五感を使いながら自然の成り立ちについて気づかされていることに驚きを覚えたのです。それが理由で、徐々にムッレ教室に興味が沸いてきたのです。

保育園での初めてのムッレ教室

しかし、実際にこのムッレ教室をどのように保育活動のなかに組み込めばよいのかについては、初めは戸惑いを感じました。というのも、山五十嵐保育園は真宗大谷派の妙音寺が経営する保育園で、保育理念として「命の大切さ」を核とする「大谷保育」を実践していたからです。毎日、子どもたちは、「ののさま」と呼ばれる神様に感謝の気持ちを込めて手を合わせます。そんな保育園に、「森の妖精ムッレ」はなじまないのではなかという不安があったのです。

また、私たち保育士は、年間行事はもちろんのこと日々の保育の充実を求められており、そのための活動でスケジュールはびっしりと詰まっているのです。そんな状況のなかで、いったいどうやってムッレ教室を取り入れてゆけばいいのでしょうか。当初、私たち保育士は途方にくれるばかりで、導入の第一歩がなかなか踏み出せずにいました。

しかし、園長からムッレ教室の実践を命じられていたこともあり、とにかく何かを実践しなければと思って試行錯誤で私たちは活動を開始したのです。まずはできるところからと思い、園舎のなかでムッレ教室をはじめたのです。教室でムッレとその仲間たちを紹介したり、ムッレの誕生を説明する劇を行いました。また、遊戯室に牛乳パックでつくった木をたくさん集めて森をつくり、自然についてのクイズを出したりして遊んでいました。

いま振り返ると、そんなことをしていた自分たちが少しおかしくも感じます。というのも、ムッレ教室は野外での教育法ですから矛盾としか言いようがありません。しかし、その当時私たちは、とにかくどこかからはじめなければならないと必死だったのです。

ムッレの森を子どもたちに

そんな私たちの活動を見かねて、阿部園長が園舎の裏手にある松林を借りてくれました。この松林は、日本海を望む砂防林に続く松林です。子どもたちが入れるように少し手を加えて、小さいけれどムッレ教室が野外で実践できるようにと「ムッレの森」をつくったのです。私たちはそれ以後、ちょっとした散歩などにも子どもたちをこの森につれてゆきました。

この森が子どもたちに与えた変化は歴然としていました。いつも鼓隊の練習は外で行うのですが、その合間にムッレの森に行くことがありました。森のなかに入ると、子どもたちはほっとした表情を見せるのです。そして、私自身の気持ちも穏やかに落ち着いていることに気がついたのです。このとき、「自然のなかで遊ぶ楽しさ」を実感したのです。

そのほかにも、子どもたちに驚くべき効果がありました。それまで、男の子たちは外に出ると木や枝を振り回すことが多くて危険だったため、それを禁止していました。ところが、ムッレ教室のなかで逆に「木の枝を集めよう」と呼びかけたとき、子どもたちは喜々として木の枝を拾い集めても以前のように振り回すことをしなくなったのです。さらに、ケンカばかりして一日に何度も叱られていた子どもたちが、ムッレの森のなかでは仲よくゲームをしている姿を見たときは本当にびっくりしました。これは、まさに「目からウロコが落ちるような」経験でした。それ以後、園舎や園庭でのケンカが減り、ムッレの森ではケンカがまったくなくなったのです。

私たちは、よくムッレの森に出かけ、松ぼっくりや木の葉など、自然のものを観察した

見て！松ぼっくりにキノコがたくさん！（写真提供：阿部桂子）

り集めたりする遊びをしました。とくに、保育士である私たちは、子どもたちに五感を使うことを促しています。五感を使うことで、自然についてもっと理解を深められるからです。いまでは子どもたちは、自然のなかのものを見つけると、触ったり、においをかいだり、音を聞いたりと、自ら五感を使うようになっています。こうして自然のなかで磨かれた五感を通して、子どもたちはさらに自然に対する好奇心をもち、自然を楽しむようになっているようです。

なかでも、自然の遊びのなかで大活躍するのが「ルーペ」、つまり虫めがねです。ムッレ教室では、子どもたちに一つずつルーペを配ります。ルーペには紐をつけて、子どもが見たいものがあるときにいつでも使えるように首から下げるようにしています。さらに、カップ状になっているルーペを使用することで、小さな昆虫をカップに入れてゆっくり手のひらで観察できるようになっています。また、八倍に拡大されるルーペでは、樹皮や昆虫の細部に至るまで見ることができます。子どもたちは、自然の緻密さや美しさ、不思議さを目の当たりにし、ルーペを通して自然の世界をさらに広げてゆくのです。

ムッレの森での遊びを通して発見することが上手になってきた子どもたちは、保育園の周辺を散歩する際にさまざまなことを見つけます。また、わからないことは図鑑で調べるようにもなりました。

あるとき、これまで言うことをあまり聞かずに手がかかっていた子どもに大きな変化が現れました。彼は、昆虫に興味をもちはじめ、いつのまにかクラスの「虫博士」という存在になっていました。彼は、知識を深めるために本や図鑑を進んで開くようになっていました。そして、ほかの子どもたちもそれに刺激されて自然に関する知識を身に着けてゆきました。これらのことが理由としてクラスが一つにまとまってゆくという実感を得られたときは、とても嬉しかったです。

現在の山五十嵐保育園の姿

私が山五十嵐保育園を去ったあとも、保育士たちの手によってムッレ教育は受け継がれています。そして、彼女らもまた、ムッレ教育の効果を実感しているようです。彼女らの話によると、通常の保育園で園舎や園庭のなかばかりで遊んでいると子どもたちは、いつも遊具で遊ぶことに慣れてしまっているために外に出るとすぐに飽きてしまって一〇分ともたず園舎に帰ってくるそうです。ところが、山五十嵐保育園の子どもたちは自然のなかでの遊び方を身に着けているので、何時間も自然のなかで過ごすことができるということでした。ムッレ教室を体験している子どもたちは、次々に遊びをつくり出して、園舎に引き戻すのが大変なくらいということです。

あるとき、ムッレの森があった松林が松食い虫の被害にあい、ムッレ教室もできなくなったそうです。しかし、こうした活動を評価して、これからもムッレ教室を継続したいと思った当時の園長はすぐに新しい「ムッレの森」をつくったのです。園舎の反対側の裏手にあった雑木林の所有者と交渉し、下草を刈って子どもたちが遊べるように「ムッレの森」を整備しました。少し太い木にはロープがくくりつけてあり、ブランコになっています。いつも子どもたちの輪ができるほど、子どもたちはこのブランコが大好きなのだそうです。森の中央の開けた場所には、丸太を横たえただけのベンチを並べた森の教室があります。その日の野外活動の終わりに子どもたちはこのベンチに座り、その日の発見をみんなの前で発表したりするのです。

私が去ったあとも、いくつもの困難を乗り越えてムッレ教育を続けている保育士や子どもたちの姿を見るにつけ、私はとても嬉しく感じるのです。

ムッレの森での発見をみんなに発表

保育園でのムッレ教室の進展

山五十嵐保育園をあとにして、私は同じく新潟市内の「みたけ保育園」に移りました。みたけ保育園は、新潟駅からほど近い住宅街のなかにある保育園です。周りには、ほとんどといっていいほど自然がありません。あっても、街路樹や隣家の庭木、垣根やプランターに植えられた花々などです。それまでは、比較的緑が多く、自然があることが当たり前だった山五十嵐保育園で勤務していたので、最初のうちはこのギャップに大きなカルチャーショックを受ける毎日でした。

それでも、門を開けて玄関までのスロープを見上げると、花の香りが広がる藤棚が出迎えてくれます。園庭の桜の葉っぱには虫こぶ[1]があり、フェンスには朝顔がつるを巻きつけています。ささやかな自然のなかであっても、プランターを動かしてはダンゴムシを探し出すなど、子どもたちには自然への好奇心が息づいていました。このような、どこの園にもある子どもたちの姿を見るにつけ、「みたけ保育園の子どもたちにこそムッレ教室を！」という思いを日々募らせていきました。そして、ついにその思いが形になる日が来たのです。「身近な自然を身体で感じることができる保育とは?」と題した年間計画が立てられ、保育園全体でムッレ教育に取り組むことになったのです。

子どもたちは、車が行き交う狭い道路を歩き、横断歩道をわたって近所の公園に出かけていきます。最初のうちは外を出歩くのにも時間がかかりましたが、いまではルールを守ってスムーズに公園までの移動ができるようになりました。そこで、自然観察、歌やゲームなどといった野外での活動を楽しみます。都市の公園のなかにもしっかりと命の営みは息づいており、四季の変化を十分に感じることができるということがわかりました。

こうして、当初は自然教育に苦手意識を抱いていた私が、気づくとすっかりムッレ教室のファンになっていたのです。これまでの経緯をいま改めて振り返ると、どのようにすれば保育園にムッレ教室を取り入れることができるのかというノウハウを少しずつ積み上げてきたのではないかと思います。それを証明するがごとく、ある日、第一回のムッレ教室で子どもたちに切り株の説明をしたときのことをお話ししましょう。ある男の子が、次のように言いました。

「こんなの、もうとっくに知っているよ。切り株は虫のアパートなんだよ」

しかし、その子どもは切り株を覗き込んでみることも、ましてや触ろうともしませんでした。このことから、自然教育をしても、知識を詰め込むだけであれば頭でっかちの子どもができてしまうのではないかと危惧しました。目で見たり、手で触ったりという体験を通して自然を理解するようにならなければ、本当の意味での自然教育にはならないと感じたのです。そのため

---

(1) 虫こぶとは「虫えい」のこと。虫の幼虫などが植物に寄生することによって植物が刺激され、多くの場合、その部分がこぶ状になるため「虫こぶ」と呼ばれている。

には、子どもの年齢にあった自然教育の方法が必要なのではないかと考えたのです。

そこで、早速園長に相談しました。その結果、三〜四歳児は自然のなかで心行くまで楽しく遊び、五〜六歳児になってから自然体験を通して自然の成り立ちや循環を理解するというように、年齢に合わせた体系的なプログラムを考案したのです。

今日、みたけ保育園は、日々の保育のなかで子どもたちが自然と触れ合うことが大切であるという認識のもとにムッレ教育を日常の活動として取り入れるまでになりました。具体的には、毎日の保育でムッレ教育のプログラムを取り入れ、その区切りごとに、まとめとしてムッレ教室を春と秋に五〜六回行っています。そして、秋に行うムッレ教室の最後の日は、一年間の締めくくりでもある「ムッ

ムッレに出会えるファイナルパーティー（写真提供：阿部桂子）

レ・ファイナルパーティ」を開きます。公園で行われるファイナルパーティには、実際にムッレにも登場してもらっています。さらには、そのあと園庭に戻って焚き火を起こして、子どもたちが自分でつくったねじりパンを焼いて、みんなでいっしょに外でいただきます。子どもたちがこの日が来るのをどれだけ楽しみに待っているか……その期待にこたえることこそ保育士としてやりがいを感じるときでもあります。

みたけ保育園では、このように体系的な「自然保育」としてムッレ教育が定着しつつあります。そして、現在、日本野外生活推進協会新潟県支部の事務所がここ「みたけ保育園」に置かれています。

ムッレ教室を見守る保護者

私は、ムッレ教室の活動を子どもたちの保護者に伝えるために「ムッレ教室だより」を作成することにしました。これにはもちろん、保護者の方々にムッレ教室の理解を深めてもらうという目的もありましたが、何よりムッレ教室を媒体にして、子どもと保護者のコミュニケーションを図ってもらいたいという思いがありました。

「ムッレ教室だより」では、毎回の活動内容の説明を載せ、さらに各組の担任の保育士には活動の様子を書いてもらいました。そして、毎回ムッレ教室があるたびに保護者に用紙を配布して、子どもたちがムッレ教室についてどんな報告をしたかや、それを聞いての感想などを書いてもらうようにし、保護者のみなさんに子どもたちの声に耳を傾けてもらったのです。ここで、「ムッレ教室だより」に寄せてくれたメッセージをいくつかご紹介したいと思います。

●「今日はトンボを採ったよ。アリやダンゴムシがいたよ」と、はしゃいだ元気な声がお迎えの第一声でした。急に降り出した雨も、いい体験だったようです。めずらしく帰ってきてからお布団しきや部屋の片付け、お掃除などの家事を進んで手伝ってくれて、急に大人になったようでした。自然は人を成長させる不思議な力があるのですね。

●朝は、ムッレ教室で何をするのか心配していましたが、帰ってくるとまず

「ムッレ教室だより」　（資料提供：五十嵐裕子）

「楽しかったよ」の言葉が出ました。やっぱり、外で活動するのっていいですね。クイズが一番楽しかったと言って、草の名前も教えてくれました（恥ずかしながら、私の知らない名前でした）。自然のなかで楽しく遊ぶことは大切だと思いながらも私自身知らないことも多く、子どもといっしょに勉強させてもらっています。次に、ゴミの話を聞かせてくれました。「公園にゴミが捨ててあってどう思った？」と私が聞くと、「いやだから、燃えるゴミと燃えないゴミに分けてゴミ箱に入れるんだ」と言っていました。当たり前のこどだけど、実際に体験してくるとしっかり頭のなかに残るのですね。

●最初のムッレ教室の日は、何をするか心配だったようですが、今回は楽しみにしていたようです。帰ってきてから、見つけた虫の名前をいろいろと教えてくれました。クモがなぜ逆さまにぶらさがっているのか得意げに説明していました。そして、嬉しそうに「緑の幼虫に触ったよ!!」と言い、虫嫌いの私はぎょっとしました。「触ったらね、気持ちよかったよ」とのこと。大人なら絶対出てきそうもない驚きの一言。でも、小さなときからこんなふうに虫とかかわっていたら虫嫌いにはならないかも……。次回のムッレ教室で行くところを伝えると、「ドングリがいっぱいあるところだ！」と言って楽しみにしているようです。

●「ダンゴムシ」をいっぱい見つけて嬉しかった。虫たちを探している時間のなかで、ドキドキしながら勇気を奮い起こして葉っぱをひっくり返し、「いたいた！」と自分で見つけた喜びが本当に嬉しかったようです。わが家にいるのはカタツムリやテントウムシたちなどのかわいい虫ばかりで、ジメジメした土にいる虫たちは探してあげないので今度はいっしょに見つけたいと思いました。生き物に触れることの感動と同時に「お日様にぽかぽか照らしてもらって食べるお弁当がおいしかった」と話してくれました。自然の恵みに感謝ですね。

●毎回、ムッレ教室を楽しみにしている様子でしたが、とうとう最後のムッレ教室になりました。自然を通じていろんな物に興味をもったり、見たり、触ったり、不思議に思ったり、本を見て分からなかったことが分かったりと本当に楽しくいろんなことを学んだのではないでしょうか。そして、ムッレさんに会えたことはずっと忘れないと思います(私も会ってみたかったんですよ)。このままの気持ちを忘れないで、元気でたくましく心の豊かな大人に成長してほしいです。自分たちで焼いて食べたパンの味も忘れない宝物になりました。

●ファイナルパーティでパンを焼いたこと、ムッレさんに会えたことをとても嬉しそうに話すので、なんだか子どもがうらやましくなりました。ムッレ教室を終えて、自然のなかで観察したり、発見したりする「ちから」がついていることに感心し、驚いています。家でも図鑑を見たり、散歩を楽しんだり、海でゴミを拾ったりする姿が見られ、いつまでも自然と仲良しでいてほしいと思っています。

「ムッレ教室だより」を続けているうちに、保護者の方々も好意的にムッレ教室をとらえてくれるようになってきました。自分の子どもたちが自然体験を通して優しく責任感のある子どもに成長してゆく姿を目の当たりにして、ムッレ教室のすばらしさに共感してくれたのです。さらに、子どもたちが自然を大切にする姿を見て、保護者のみなさんもまた環境問題を考えるきっかけとなったことが「ムッレ教室だより」から読み取ることができます。

終　章

森のムッレ教室のこれから

―子どもたちの未来のために

©Eva Rönmblom

森のムッレ教室をめぐる旅も、いよいよ終着点に近づきつつあります。一九五七年にスウェーデンでつくり出された森のムッレ教室は、海を渡ってはるばる日本までやって来ました。そして、市島町や新潟をはじめとして、いまムッレ教室は熱意あるボランティアの人々の手によって日本全国に広がりつつあります。

私たちの地球の自然環境を守りつづけるために、将来の世代の担い手である子どもたちに働きかける環境教育は今後さらに必要とされています。そして、そのような子どもたちに向けて野外生活のプログラムを提供している日本野外生活推進協会は、今後いっそうその重要性を増してゆくことでしょう。そういう意味では、ムッレ教室の「昔」と「今」をたどるこの旅の終わりは、これからの協会の発展に向けた新しい旅立ちでもあるのです。彼らの挑戦は、まだまだこれからも続いてゆくのです。

そこで、これからムッレ教室をさらに広めてゆくにあたっての展望を、日本野外生活推進協会の会長である高見豊さんにおうかがいしたいと思います。そして現在、ムッレ教室の今後の展開の期待を集めている活動がそれぞれの方面で進められていますが、まず保育の分野での展開をポートピア保育園の園長を務める傍ら、日本野外生活推進協会理事でもある西躰通子さんにお話しいただきます。

また最近では、新たな活動の展開として企業との連携によってムッレ教室を開催しようという試みがはじめられています。その中心人物となっているのが、長年企業における環境教育のコンサルタントを手掛けてきた下重喜代さんです。下重さんには、その活動の様子と今後の展開について語っていただきます。

そして最後に、ムッレ教室の第一人者である高見幸子さんに、なぜいま私たちが野外保育に取り組まなければならないのかということを、ハンス・ヨハンソン（Hans Johansson）氏が著した『Mulle Fran Början（ムッレのはじまり）』（スウェーデン野外生活推進協会刊）の一部を引用・要約してきただき、この旅を締めくくりたいと思います。

多様な団体との協力体制を

日本野外生活推進協会会長
高見　豊

日本野外生活推進協会を立ち上げて一五年間、会長として私は全国にムッレ教室の活動を広げるための活動をしてきました。一九八九年の夏、妹の幸子が故郷である市島町の変わり果てた姿を見て落胆していたとき、私はまだその本当の意味に気づいていませんでした。ムッレ教室を通して市島町の自然と触れ合うようになるにつれ、自然のなかにいることが楽しくなり、徐々に生態系についての知識も身に着いてきました。そして、市島町の自然の豊かさに気づいた私は、これからもその自然を大切にしていきたいと考えるようになりました。

二〇〇六年までに、ムッレ教室のリーダー養成講座も第七五回を迎えました。そして、すでに約一三〇〇人のリーダーが生まれています。そのなかでも約三〇〇人の熱心なリーダーが現在活発な活動を展開しています。彼らの活動によって、毎年約一五〇〇人の子どもたちがムッレ教室に参加しています。今年で一五年目になるので、今日までに日本国内で森のムッレに出会った子どもたちは二万二五〇〇人になります。ムッレ教室の活動が、市島町の保育園の活動だけで終わることなく日本各地に広がりつつあるのも、各地で活動しているリーダーの熱意があったからこそなのです。

しかし、私はこれで十分だとは思っていません。スウェーデンでは、年間約一万六〇〇〇人の子どもがムッレ教室に参加しています。ちなみに、フィンランドでは、スウェーデンをしのいで年間約一〇万人の子どもたちがムッレ教室に通っています。日本の人口はスウェーデンの一二倍なのですから、年間二〇万人の子どもがムッレ教室に参加している状況とならなければ、日本でムッレ教育が社会に浸透したとは言えないでしょう。

今日、日本においても、自治体、企業、環境NGO、環境NPOのなかには、「持続可能な未来を子どもたちに残してゆきたい」という同じビジョンを掲げて活動をしている団体が数多く存在します。このような同志がいることは私たちにとっても心強いことであり、勇気づけてくれることなのです。私は、そのような団体と手を携えて活動してゆくことが、今後、この大きなビジョンを実現するための近道であると考えています。そしていま、日本野外生活推進協会は、大学や企業などと手を取り合って新たな活動を展開しています。今後、このような共同プロジェクトを積極的に行ってゆきたいと考えています。

保育園・幼稚園への普及に向けて

日本野外生活推進協会理事
（元鴨庄保育園園長・現ポートピア保育園園長）西躰　通子

スウェーデンでムッレ教室が広まった理由の一つに、全国の保育園でムッレ教育が取り入れられたという経緯がありました。保育園や幼稚園でムッレ教室を取り入れることのメリットは、子どもたちが日常生活のなかで、定期的に自然と触れ合えるということです。毎日の小さな発見の積み重ねが地球規模の環境問題の理解に発展するということは先にも触れられたとおりです。今後も、一つでも多くの保育園や幼稚園でムッレ教室が取り入れられるようになってほしいという目標を心に秘めて、活動を続けてゆきたいと思います。

なかでも、市島町や新潟での保育園への導入の例にも見られたように、まず園長自身がムッレ教育を理解することが重要だということがわかります。園長がムッレ教育を取り入れるという決定をすれば、その保育園の保育士はムッレ教室のリーダー養成講座などを受講しやすくなりますし、子どもたちが自然と触れ合える場所を保育園の近くに整えるといった環境整備もしやすくなります。組織のトップに立ち、リーダーシップをとって保育園の方針を決定していく立場にある園長がムッレ教室を理解してくれることが、保育園への導入が成功するか否かの境となります。ですから、協会でも地域の保育園や幼稚園とのパイプを太くし、さらに責任者である園長に働きかけていきたいと思っています。

また、野外保育に対する認識を高める効果的な方法として、将来保育者になる学生にムッレ教室のことを知ってもらうことが重要となります。その試みの一つとして、二〇〇六年、保育士養成の学部をもつ首都圏の立正大学社会福祉学部において、三二名の学生を対象として熊谷キャンパス内でリーダー養成講座を実施しました。熊谷キャンパスは広大な敷地のなかに豊かな自然が広がっており、それを存分に活用することができました。ちょうど秋から冬への季節が移る時期でもあり、意識して耳を澄ますと小鳥の冴えずりが心地よく耳に響いてきたり、日向の暖かい空気と日陰のひんやりした空気の違いを肌で感じたりと、学生たちが新鮮な体験に感動する場面もありました。毎日過ごしていたキャンパスがこんなにも自然と触れ合う絶好の宝庫だったと、学生たちも初めて気づいたのです。現在では、リーダー養成講座に取り組む大学として、京都女子大学・神戸常盤大学・大阪大谷大学・名古屋の同朋大学と、その範囲が拡大しています。

保育園や幼稚園に就職を希望している学生たちが、ムッレ教室の「リーダー資格」をもつことは環境教育が脚光を浴びつつある現代のニーズにもあっており、今後ますます重要になってくると考えられます。学生のうちに環境教育の深い理念を経験として学び、野外で子どもたちを楽しませる技術を習得しておくことは大切なことです。また、一つでも多くの大学でムッレ教室が取り上げられるようになれば、徐々に保育の関係者全体が野外保育に理解を示していけるようになるかもしれません。その意味でも、今後さらに多くの大学でリーダー養成講座を実施していきたいと思っています。

企業のCSR活動に森のムッレ教室を

ネイチャー&カルチャー代表
下重　喜代

私が「森のムッレ教室」について初めて知ったのは、六年前のことでした。財団法人「日本野鳥の会」(1)で環境教育の仕事に携わっていたとき、ある会合で高見幸子さんに出会ったのです。その後、彼女から再三のお誘いがあって、二〇〇三年に長野県の飯田市で開催された「森のムッレ教室」のリーダー養成講座に参加して初めてムッレ教室を体験しました。

それまでの私は、日本にわざわざスウェーデンの手法をなぜもち込むのだろうかと疑問に思っていたのですが、知力や体力に関係なく、どんな子どもにも平等に五感を使って楽しく遊ぶ機会が与えられ、自然を楽しみながら学べるプログラムを工夫しているムッレ教室のすばらしさにすぐに惹かれました。そしてその後、「日本野鳥の会」で培ってきた環境教育に関する知見と、企業の社員研修の一環として環境に貢献するボランティアを養成するプログラムの開発と実施の経験をムッレ教室に活用できないかと考えるに至ったのは自然のなりゆきでした。

近年、企業のCSR（Corporate Social Responsibility／企業の社会的責任）活動が活発になってきています。それは、経済のグローバル化によるビジネスの国際展開や外国の機関投資家

（1）一九三四年設立。野鳥を通して自然保護・保全を推進する会数四六〇〇〇人を数える日本最大の環境NGO。

の増加などにつれて、企業が単に経済的な利益を追求するだけでは継続的な発展が確保できない時代となってきたことを意味しています。つまり、経営実績とともに、持続可能な社会の構成員として法令を遵守しているか、雇用や昇進において男女差別をしていないか、児童労働にかかわっていないか、地域や地球の環境にしっかりした対応や配慮をしているか、社会への貢献をしているかといった「良き企業市民」として果たすべき責務をどれだけ実行しているかといったことが、企業の良し悪しを判断する大きな要因としてチェックされるようになったということです。

欧米の先進国では、早くから持続可能な会社経営のために企業がこのような社会的な責任をきちんと果たしていることを社内および対外的に示すための「CSR活動」が積極的に展開されてきました。また、各国政府の努力にまかせるだけでは世界の諸問題は解決しないということから、二〇〇〇年には国連事務総長の呼びかけによって、企業の社会的責任については経営者自らが国連に直接約束するという一〇項目からなる「グローバル・コンパクト」の内容が発表され、国際的な優良企業のCSR活動は一気に加速しました。そして、ヨーロッパや世界へ多くの製品を輸出している日本の大企業に対してもCSRが問われるようになってきたのは、グローバル化による当然の流れでもありました。

これまでの日本では、企業のイメージ・アップとして、また消費者や地元住民および取引関係の信頼を得るために美術展や音楽会のスポンサーとして協力するといったメセナ活動や、地域のおまつりに寄付金や助成金を出したり、社会的に認知されている市民団体に法人会員として会費を出したりすることなどが社会貢献の中心となっていました。そのため、企業で実際に働く社員の一人ひとりには必ずしも社会貢献意識が育たず、しかもこのような企業の経済支援はそのときどきの景気に大きく左右されるものでした。

世界的な流れとして「持続可能な社会」（iiiページの注1参照）への貢献活動が求められるようになった今日、日本企業の各社は具体的にどのようなCSR活動を実施するかということを模索しているという状況にあると言えます。そのなかで、企業のCSR活動の一環として子どもたちのために「森のムッレ教室」を行うということはまったく新しいタイプの社会貢献活動の例となるでしょう。たとえば、企業の社員がムッレ教室のリーダーのトレーニングを受けて地域社会に出ていって地域の幼稚園や保育園の子どもたちと触れ合うといったことができれば、これまでとは違った「顔の見える社会貢献」となるはずです。しかも、一人ひとりの社員が地球市民としての自覚をもって次世代の育成に直接かかわるのですから、今までにないCSR活動として高い評価を得ることができるでしょう。

一方で、自然観察は緑豊かで環境のよい地域でしかできないという考えが私たちのなかに根強いことも、子どもたちへの環境教育がなかなか社会に浸透しない原因の一つともなっています。そこで、日本野外生活推進協会は、二〇〇六年の秋に、文字通り東京のど真んなかの高層ビルに囲まれた日比谷公園を舞台にして、銀座にある公立幼稚園の子どもたちを招いて「森のムッレ教室」を実施することにしました。平日の午前中の二時間弱という短い時間でしたが、子どもたちが大都会の公園の緑のなかで見せた旺盛な好奇心と集中力は地方の子どもたちのそれとまったく変わりませんでしたし、都心にある日比谷公園でムッレ教室を実施するにあたって何一つ否定的な材料はないということもわかりました。

そこでは、いつものムッレ教室と同様に、公園の木陰でひっそりと朽ちはじめた何の役にも立ちそうにない見捨てられた切り株を見つけました。そして、その周りに子どもたちを座らせて観察をはじめると、子どもたちはすぐに、切り株の生え際で落ち葉を食べているダンゴムシや、木の付け根のしめった場所に生えているキノコを発見して大喜びでした。さらに、その黒ずんだ切り株に近づいて目を凝らしてみると、何と、切り株には小さくてかわいい陸性の巻貝がいくつもついているのです。この大発見に興奮した子どもたちは、胸からぶら下げた虫めがねでしっかりと観察して、自然の不思議を堪能し、自然の循環について身をもって学んだのでした。

今日の子どもたちが身に着けている知識や情報は大人顔負けといえるものがありますが、テレビや絵本・図鑑で見るのとは違って自然のなかに出かけて直接五感を使って実物に触れることによって、自然との関係性を自らの問題としてとらえられる人間となっていくのです。この日の自然観察や自然を使ったゲームを目いっぱい楽しんだ子どもたちの心のなかには、きっと緑の種がしっかりと撒かれ、日比谷公園の存在がかけがえのない大切なものとなることでしょう。そして今度は、お休みの日に家族を誘って子どもたちが日比谷公園の自然を案内し、あの朽ちた切り株の秘密を家族に教えてあげることでしょう。こうして、子どもが変わることによって親の姿が変わり、確実に社会を変える力になっていくのです。

このムッレ教室を見学した園児のお母さんは、「いつも見慣れた公園にある自然を再発見しました」と喜び、先生方からは「この自然学習を通して、目からうろこが落ちるような体験をすることができました」という感謝の言葉をいただきました。

この日比谷公園での活動の一か月後に、これまた「東京の副都心」と呼ばれる新宿にある「新宿御苑」をフィールドにして「森のムッレ教室」を実施する機会を得ることができました。新宿御苑で開催する「全国巨樹・巨木林の会[2]」の主催によるフォーラムにあわせて、子ども向けのイベントも考えたいという依頼が寄せられたのです。もちろん、喜んで引き受けました。そして、その成果は、「全国巨樹・巨木林の会」の理事である小川はるみさんによって次のように詳しく報告されました。ここでは、会報の『巨樹・巨木林　30号』に掲載されたその内容を要約してご紹介します。

（2）　環境省の全国巨樹・巨木林調査をきっかけに一九九三年に設立。巨樹を愛する人たちの輪を広げ身近な自然を見直すために毎年「巨木を語ろう全国フォーラム」を開催。

森のムッレ教室――自然が好きなら環境を守れる

（小川はるみ）

「森では三つのルールがあります。『大きな声を出さないこと』、『森の動植物に配慮して行動すること』、『ゴミを放置しないこと』です」

ムッレ教室は、まず森に入るときの約束から始まりました。参加した子どもたちは三歳から一〇歳までの一二名。ボランティア・リーダー（インストラクター）や保護者など大人が一五名、合計二七名です。

「全国巨樹・巨木林の会」が初めての主催となった第一九回「巨木を語ろう全国フォーラム」のなかで、こども向けのフィールド・イベントが同時に開催されました。場所は新宿御苑。子どもたちは、新宿門右奥にあるモミジバスズカケ（プラタナスの一種で、日本では街路樹としてよく使用される）の巨樹の大きく張り出した枝の下に集合。いまから、日本野外生活推進協会によってここで「森のムッレ教室」が始まろうとしているのです。木漏れ陽に映える紅葉したモミジバスズカケは、とても美しく野外教室には申し分ありません。

初めに子どもたちは、インストラクターからピクチャーシアター（紙芝居）を使って森の「循環の構造」を学びます。物語を聞きながら、それぞれ虫や植物の絵を手にしながら自分の出番を待ちます。そして、自分の虫や植物がお話に登場すると絵のなかの正しい場所に貼ってゆきます。完成すると、森の循環と再生が一目でわかるようになります。次は、いよいよフィールドでの活動が始まります。

モミジバスズカケの幹を八倍のルーペで観察、木肌の奥に小さな虫を発見すると子どもたちは歓声を上げます。私も覗いてみましたが、月のクレーターを歩いているような不思議な感覚が生まれちょっとした感動でした。こうして自然が身近になったところで広場を移動します。子どもたちは、インストラクターの指示で緑、茶色、オレンジ色や赤の紅葉の葉っぱを探します。そして、その葉を白い布に順番に円形に並べます。すると、植物の命の循環が目の前に展開されます。自分たちの集めた葉っぱでお話しを聞く

紙芝居を使って森の循環構造を学ぶ（写真提供：小川はるみ）

と、みな真剣に聞き入ります。こうしてイントラクターの誘導やちょっとした手助けで、子どもたちは五感を使って自然を身近に感じてゆくのです。たとえば「感覚ゲーム」。子どもたちに葉っぱや木の枝を後ろ手に持たせ、その感触や手触りから名前を当てるというものです。日常生活にはない感触に最初は戸惑いながらも見事に正解を出してゆきます。

さまざまな気づきを体験した後、再び林のなかに移動します。いよいよ「ムッレ」と呼ばれる森の妖精が登場するときが来ました。鬱蒼とした林のなかから扮装したムッレが現れます。ムッレは、自然と子どもとの架け橋の役割を担う妖精という設定です。

子どもたちは、恐る恐る近づきムッレを観察します。ムッレにはシッポがあり、これを使って森の掃除をします。その物語性が子どもの心にインパクトを与えるようです。ムッレは人間かもしれないと思いつつも、いっしょに「ムッレ鬼ゲーム」（椅子とりゲームのようなもの）などをして目の前の世界を楽しみます。そして、最後に冒頭に掲げた森との三つの約束を復唱し、ムッレは「よく覚えていたね」と子どもたちを誉め、そのご褒美としてムッレから胡桃みやレーズンといったおやつをあげて森の奥に帰っていくのです。一瞬、ここが都会の公園であるということを忘れてしまいます。

最後は、子どもたちとムッレ教室の振り返りを行い、一人ひとりに感想を述べてもらいました。

私たちはかけがいのない巨樹・巨木を愛し、守る活動をしておりますが、同時にそういう活動を後世に託す人材の育成も重要なことだと考えています。子どもたちは、まだほんの入り口に立っているにすぎません。自然とのかかわりを途切れさせないような環境づくりも、我々の重要な使命の一つであるのです。

今回のフォーラムの開催趣旨に、大きい木も小さい木も、樹木たちの生命をまっとうできるような環境を守ること、そして誰かがリーダーシップをとるのではなく、それぞれ一人ひとりが個として行動を開始し、それが広がって大きな動きとなることを願います。

今回は小さな試みでしたが、これが世代や従来の活動を越える次へのステップの足がかりとなることを願ってやみません。この新宿御苑での「ムッレ教室」の成果を、いま、企業のＣＳＲ活動につなげようと思って活動しています。財団法人日野自動車グリーンファンドにもムッレの趣旨に賛同していただき、東京の高尾山にある「日野自動車グリーンファンドの森」（東京都八王子市上恩方町板当国有林内）にて「森のムッレ教室」を開催しようと、その可能性を同財団と模索しているところです。

私の夢は、企業の社員自らが「森のムッレ教室」のリーダーとなり、地域の子どもたちのために貢献するようなＣＳＲ活動が生まれることです。私がこの一〇年来かかわっている企業研修の「環境ボランティア・リーダー養成講座」においては、プログラムのなかに地域の子どもたちを招いた自然観察会を組み込むと、仕事が忙しく、子育てを楽しむ余裕のない男性たちから「もう一度子育てをやり直したくなった」とか、「自分の子どもはもう間に合わないけど、これから生まれる孫といっしょに自然を楽しみたい」、「時間をつくって子どもといっしょに近くの自然を観察したい」という感想が必ず寄せられます。自然を介して子どもと触れあう体験は一人ひとりのライフスタイルを変えてゆくきっかけともなり、最終的には、社会全体の価値観や文化を変えてゆくことにもつながっていくことでしょう。

いまの日本の企業人は、会社の仕事がすべてに優先され、毎日のように残業が続くなどして子どもとゆっくり接する機会をなかなかつくれないことが大きな社会問題となっています。その結果、子どもの悩みや願いが大切にされず、さらに大人にとっても子どもをもつことが大きな重荷になってしまっているのです。少子化、児童虐待、いじめや自殺といった子どもを取り巻く問題が解決の糸口を見いだせないのも、家庭でのプライベートな部分で、私たち大人が時間的にも精神的にもゆとりを失っていることが原因の一つになっているに違いありません。

「自分の子どもとも満足に接する時間がないのに、他人の子どもの面倒をみるなんてできるわけがない」という声も聞こえてきそうです。しかし、一人ひとりが行動して社会を変えていかないかぎり持続可能な社会の構築は夢物語に終わり、二酸化炭素の排出問題を例にとるまでもなく、私たち人類が地球上に生存できなくなるのは自明の理と言えます。

一方、現在の労働現場では、仕事と子育てや地域活動・生涯学習などといったプライベートな活動が両立できるようにと「ワーク・ライフ・バランス」の実現が叫ばれています。企業も、グローバル社会のなかで生き残っていくためには優秀な人材を確保しなければならず、従業員の人権配慮の視点からも「ワーク・ライフ・バランス」を重視する機運が高まりつつあります。日本政府も、少子化対策として「ワーク・ライフ・バランス」を施策にあげる動きが見えてきました。日本には昔から、「子どもは神様からの授かりもの、社会の宝もの」という子育て文化があったはずです。このような文化を、国や企業、そして私たち一人ひとりが取り戻すことこそ、日本が持続可能な社会へ向かうために求められていることだと思います。

ＣＳＲ活動の一環として、従業員に地域のボランティア活動に参加できるような場を提供することによって新しい企業像をつくり上げるチャンスともなります。とくに、大企業は全国に事業所や工場を展開していますから、企業の方針さえ決まれば、地方を含めてより広範囲な活動を展開してゆくことが可能です。さらには、海外拠点を中心にアジアなどの子どもたちにも環境教育の輪を広げることもできるでしょう。企業が子どもたちに自然と触れあう機会をプレゼントし、見守りながらいっしょに学び遊んでくれるリーダーを社会に提供するという活動は、社会から大きな注目を浴びるだけでなく感謝して受け入れられることと思います。

「森のムッレ教室」は、従業員のボランティア活動によって身近な自然と触れ合いながら地域の子どもたちと接することによって、自らもコミュニケーション力、表現力、想像力、そして自然からさまざまなインスピレーションを得ることができます。もちろん、子どもたちと外で遊ぶわけですから、フィットネス・ジムなどに通うことなく運動不足の解消にもなるでしょう。

この経験は、企業の商品開発や営業成績にもきっとよい効果をもたらすはずです。現に、スウェーデン人と日本人の年間の平均労働時間は五週間分以上もの開きがありますが、それにもかかわらず、一人当たりの国民総生産において日本との差はそれほど大きなものではありません（二〇〇二年、OECD統計）。

アメリカでは、「いかなる人も、生きている間に四〇〇〇時間のボランティア活動をしよう」と、共和党でも民主党でも呼びかけていると聞きます。これからの高齢社会で人生を豊かに過ごすためには、若いうちから地域とつながったボランティア活動が大きな力を発揮することになるでしょう。たとえば、定年退職をしても人生の目的をもち続けることができるでしょう。つまり、ムッレ教室のボランティア活動は、子どもたちに環境教育をするだけでなく、大人たち自身が自らのライフスタイルを変え、社会をあるべき姿に大きく変えてゆくことにつながるのです。

あり余るモノに囲まれた私たちの暮らしは、いつの間にか自然と乖離してしまい、生きていく前提条件として「自然」が何よりも大切だということを忘れてしまっています。企業活動においても、水や木材をはじめとする自然資源なしには何一つ商品を生み出すことができないことをここで改めて再認識しなければなりません。

二〇〇二年にヨハネスブルグで開催された「持続可能な開発に関する世界首脳会議（通称、国連環境サミット）」では、小泉純一郎首相（当時）が日本の環境NGOと協力して「国連・

持続可能な開発のための教育の一〇年」を提案し、その年の暮れの国連総会において全員一致で採択されました。「森のムッレ教室」は、地域の子どもたちを育てるだけでなく、地域そのものがコミュニティとしての関係性を取り戻すきっかけをつくり出すことができます。それは、活動にかかわる大人自身が地域の子どもを見守る目をもつこと、そして地域の資源を大切にする心をもつことにもなるのです。つまり、これこそが「持続可能な開発のための教育」と言えます。

市島町や新潟で見られたように、ムッレ教室は失われた人と地域とのつながり、そして人と人とのつながりを取り戻して、そこに夢と活気をもたらすことになるのです。私は、より多くの企業に森のムッレ教室をＣＳＲ活動として取り込んでもらうために、これからも微力ながら尽くしていきたいと思っています。

ムッレ教室は将来への備え

日本野外生活推進協会顧問
高見幸子訳編

森のムッレ教室に行くことは、子どもたちに将来への備えをさせることです。産業革命後、科学技術は私たちの生活のさまざまな面で新たな可能性を生み出してきました。たとえば、森を切り開いて急速に都市化が進められてきました。また、鉄道や飛行機に乗って世界の隅々まで行くことができるようにもなりました。自然とは、人間が便利さやスピードを追求するために「克服されるもの、資源を摂取する対象である」ととらえられるようになったのです。私たちの技術に対する過信と依存度は、日に日に高まっています。さらに、公害や環境問題による被害が出てもなお、私たちがまちがった方向に進んでいると考えるのではなく、それを解決するためにさらなる技術を開発してきました。

そしていま、自然界からさまざまな警報が次々と現れています。とくに、地球温暖化は、今日人類が面している最大の問題です。また、多くの植物や動物の種が、生活環境が大きく変わったことにより絶滅に瀕しています。自分たちがつくり出した問題は自分たちで解決しなければならないはずなのに、このままでは、問題だらけの世界を次の世代の子どもたちに残すことになるでしょう。ですから、これらの問題を私たち大人の世代が解決することを念頭に考えることはもちろんですが、それと同時に、子どもたちに将来の備えを用意することも必要となります。

自然の命を支えているシステムを壊さないためには、生物の多様性を保全し、ほかの人々の生活を犠牲にすることのないライフスタイルを送る必要があります。そのためには、生態系に関する知識がなければなりません。しかし、知識だけでは十分ではないのです。自然に対する価値観と考え方を備えてこそ、知識は初めて正しい行動へ結びつくのです。ですから、本当に一番大切なのは、自然が好きであることと自然に対して責任感をもつことです。私たちが解決しきれなかった問題に取り組まなければならないのですから、次の世代の子どもたちは私たちの世代より賢明である必要があります。そのため、子どもたちに将来に向かって準備をしてもらうということは私たちの重大な責任ともなるのです。

現在、多くの子どもが都市化された環境のなかで育っています。彼らは人工の生活環境のなかで生活しており、昔の農業社会で暮らしていた子どもとは異なって自然と触れ合う機会が極端に少なくなっています。このような状況のなかで、どのように子どもに野外での活動への興味をもたせることができるのでしょうか？

そこで、都会の子どもたちを自然に案内する森のムッレ教室が大きな役割を果たすのです。子どもは、生まれつき好奇心が旺盛です。ムッレ教室に参加すると、彼らは、小さい公園であっても、草花の一本に新しい発見をすることができます。遊びながら発見を積み重ね、自然のなかで営まれる循環の仕組みを学んでいきます。このような幼児期の体験は、一生脳裏に残ります。小さな草一本に宿る生命を理解することから、やがて大きな地球規模のエコロジーを理解することにつながるのです。

スウェーデンでムッレ教室がはじまって五〇年になりますが、最初のころにムッレ教室に通っていた子どもたちは、いまは成長して企業、自治体、官庁で重要な意思決定をするポジションに就く年齢となっています。彼らは森のムッレ教室での活動を通して自然への興味をもつようになり、世界をよりよくするための備えもできていることでしょう。彼らは物事の関連性と全体性を身に着けているでしょうから、都市計画、社会福祉、教育などといった異なる分野で

森のムッレ50歳になる

50年たったいま、世界９か国に活動が広がっている。

SvD lördag 27 januari 2007

Kollikok!* Skogmulle fyller 50 år

År 1957 drog Friluftsfrämjandet i Karlsborg igång en ny verksamhet, Skogsmulle. Sedan dess har cirka två miljoner barn gått i mulleskola, och i dag finns över 400 lokala avdelningar över hela landet. Men, inte nog med det. Mulle har också flyttat utomlands.

Skogsmulleskogen omfattar enligt Mulles skapare **Gösta Frohm** (1908–1999) hela jordklotet.

Visste du att mulle-sången finns utgiven på svenska, arabiska, japanska och finska?

* Hej på skogsmullespråket. En blandning av gökens koko och tjäderns kluckande.

KÄLLA: Skogsmullestiftelsen, Friluftsfrämjandet
FOTO: LEIF R JANSSON
GRAFIK: THOMAS MOLÉN, ANNIKA CASTRO NILSSON

Skogsmulle erövrar världen

スウェーデンで２番目に大きな全国紙
「Svenska Dag Bladet」（2007年１月27日）

の対策も、孤立したものではなく、すべてがつながりをもってこそ効果を発揮することを理解しているでしょう。

森のムッレ教室を経験することは、子どもたちに将来への備えをさせることです。ですから、その経験をもたらすムッレ教室のリーダーになることは、よりよい世界をつくるためにいま私たちができる大きな社会貢献でもあるのです。

ちなみに、私の人生を変えた娘クリスティーンは二七歳となりました。彼女の、自然と動物に対する愛情は今日も変わっていません。彼女は、一五歳からベジタリアンになりました。家畜の飼育方法が劣悪だという現状を知ったこと、そして飢餓に苦しむ発展途上国の人々の食料となるはずの穀物が先進国の家畜の飼料になっていることに不公平さを感じたことがその理由です。そして、大学のジャーナリスト科を卒業した彼女は、現在、地方新聞社で記者として活躍しています。彼女は、環境問題をはじめとするさまざまな社会問題を取材し、現在、社会に対して議論を投げかけています。

おわりに

岡部　翠

「森のムッレ」をめぐる旅のお話、ここでいったん筆を置くことにしたいと思います。今年、森のムッレ教室がスウェーデンで生まれて五〇年、日本に来てからは一五年が経ちますが、その間に多くの人々がこのムッレ教室を発展させてきました。そんな彼らとの出会いを通して、「ムッレ」という言葉すら聞いたことのなかった私がムッレ教育について多くのことを学ぶことができました。

地球の温暖化、希少生物の絶滅、そして途上国の貧困問題など、私たちはいま地球規模の複雑な問題に直面しています。このような問題は、時間をかけて静かに進行し、やがて一〇〇年後には人類の生存を脅かす大きな問題に発展する可能性があります。これらの問題は、もちろん大人が責任をもって解決していかなければなりませんが、人類として世代を超えて長期的に取り組むことが求められています。

その意味で、森のムッレ教室は一〇〇年先を見据えた「未来の教育」と言えます。自然感覚をもっとも身に着けやすい五～六歳の幼少のころ、身近な自然に触れて、生態系の循環やその大切さを体験していれば、二〇年後に大人になったとき、環境によりよい選択をすることが当たり前のごとくできるようになるはずです。

たとえば、それぞれの職場でより環境にやさしい決定をすることができるでしょう。また、有権者として、環境にもきちんと配慮した政策を打ち出している政治家に一票を投じることができるでしょう。さらには、消費者として買い物に行ったときにはエコマーク商品を選ぶこととなるでしょう。現に、スウェーデンのスーパーには、トイレットペーパーや洗剤はもちろんのこと、ポテトチップスやドッグフードに至るまでエコマーク商品が揃えられているといったほどです。こうした生活のなかでの一つ一つの選択こそが、私たちが持続可能な社会へ近づく一歩となるのでしょう。

ムッレ教育はまた、子どもたちが自ら考えて行動する力を養い、個性を育む教育法でもあります。ムッレ教室では、子ども一人ひとりの発見や体験を重視します。つまり、子どもの「個」としての主体性を尊重するのです。たとえば、子どもたちは自然のなかで多くの時間を過ごしますが、自分が好きな遊びを選んだり、遊びそのものを自ら創造したりします。また、子どもたちが興味を引く発見をしたら、できるだけそこで足を止めて自然観察をするようにします。ですから、ムッレ教室では、それぞれの子どもが自分の関心や能力に合わせて自らの行動を選び、自分に合ったスピードで成長していくことができます。そして、そのなかで子どもたちは自分の個性を思いっきり発揮することができるのです。

また、当然のことながら、自然のなかでは誰もが平等です。老いも若きも、男も女も、上下関係も、学校の成績も、自然の前では関係がありません。自然のなかでは、それぞれ自分だけの体験を通して、自分なりの自然との関係を築いていくことができます。そこに、子どもたちの間での優劣はありません。このことは、「テストの点数」によって生徒に優劣をつけるような教育とは対照的なものなのです。一方的に教えられた知識や、誰か知らない人が決めたことを鵜呑みにするだけの教育とは異なり、自分が発見し、体験したなかから結論を出してゆく力をつけることができます。

そのような自由な教育のなかだからこそ学ばなければならないのが、自分の選んだ行動に対する「責任」です。ムッレ教室に通う子どもたちは、森で遊ぶ際の約束事や、動物や植物の扱い方、そして他人への配慮などを学びます。だからこそ、子どもたちは、森に持っていったゴミは持ち帰る、観察したあとにカエルを沼に返すといったことが誰に言われるわけでもなく自然にできるようになるのです。つまり、「自由と権利」と表裏一体となる「責任と義務」を果たすという民主主義社会の大切なルールとも言えることを、子どもたちは体験を通して学んでゆくことができるのです。

そういう意味で、ムッレ教室は民主主義を重んじる国スウェーデンならではの教育方法と言えるのかもしれません。選挙の投票率が常に八〇パーセント以上というスウェーデン人の政治への関心の高さと、民主主義を意識した教育を幼児期から行うということは無縁ではないように感じられます。

ムッレ教育は、学力、語彙力、体力や集中力というような一部に焦点を当てた教育法ではありません。心身ともに、子どものすべての面における発達を考慮した総合的な教育なのです。つまり、それが真の人間教育なのだと思います。私たちはいま、子どもの「個」を無視し、学力のみに焦点を当てる傾向のあったこれまでの教育を反省しなければいけないときに来ています。ムッレ教育は、命を大切にする教育、個性を生かす教育、子どもの心身のすべての面での発達を促す教育です。自然のなかだからこそ、楽しく遊びながら学ぶことができるというムッレ教育は、今日の日本社会に求められている「これからの教育」と言うことができるのかもしれません。

この旅を通して、私はたくさんの熱意ある方々と出会うことができました。そして、それぞれに「森のムッレとの出会い」があり、立場や受け止め方はさまざまでありながらもその教育法の素晴らしさと楽しさに気づき、やがてムッレ教室の魅力に引き込まれてゆく姿がありました。彼らは、この森のムッレ教室を実践し、さらに普及していきたいという志をもっています。そこには、一人ひとりのストーリーがあり、そのストーリーには、戸惑い、挫折感、胸の高鳴り、そしてチャレンジ精神がたくさん詰まっていました。

このような彼らをいつも励ましてきたのは、森のムッレとの出会いを楽しみにしている子どもたちの笑顔です。彼らに共通することは、「子どもたちに夢を与えたい」という強い思いを抱いていることです。そんな彼らの姿を見ていると、子どもを愛することと自然を愛することは一見別のもののように見えますが、この二つが延長線上にあることに気づきました。子どもに希望と可能性にあふれた未来を与えたいと思えば、安心して暮らせる環境や感動をもたらす美しい自然を残していきたいと思うのは当然のことです。スリルと冒険に満ちた「ムッレとの出会い」をプレゼントすることは、私たち大人ができる子どもへの愛情表現の一つかもしれません。

私は、本書がみなさまにとってムッレとの出会いのきっかけとなることを願って旅を続けました。それぞれの立場で、森のムッレ教室を続ける人々のストーリーを紹介することで、これから森のムッレ教室をやってみたいという思いを少しでももっていただければと願っています。

そうは言っても、これまで自然環境に興味がなかった、野外活動なんかしたことがない、という方が多いと思います。しかし、心配しないでください。スウェーデンで野外保育園のモデルとなっている「ムッレボーイ保育園」を訪れたときのことです。ムッレ教育を長年にわたって実践し、数多くの国内外の視察を毎週のように受け入れいている、いわばベテランの保育士たちにムッレ教室をはじめる際の心得を聞いたところ、次のような答えが返ってきたのです。

「森のムッレ教室をはじめるのは、決して難しいことではありません。誰にでも、ムッレ教室をはじめることはできます。あなたは、自然観察のインストラクターである必要はないのです。なぜなら、子どもたちが欲しているのは知識ではなく体験そのものなのですから。自然に触れることが好きで、子どもといっしょに自然界のさまざまな現象についての発見をしてあげることができるならば、それで十分なのです。ただ、子どもの発見にはいっしょになって感動し、驚いてあげてくださいね。たとえ、ミミズを何百回と見ていてもです。あなたが幼いころに人生で初めてミミズを見たときのことを思い出して、常にそばで見守ってあげてください」

そういう彼らもまた、ムッレボーイ保育園に着任する前はごく普通の保育士さんだったそうです。このことは、スウェーデンだけでなく日本の保育園でムッレ教育を取り入れた保育士の荻野さんや五十嵐さんの体験談にも現れていました。

森のムッレ教室はどこからでもはじめられます——保育園や幼稚園で、企業活動として、地域のボランティアとして、子をもつ親として、一〇〇年後を見据える人間として。一人でも多くの子どもたちが森のなかでムッレに出会えたら、私たちの未来は少しずつ変わってゆくかもしれません。さあ、子どもたちの手をとっていっしょにムッレの棲む森へと出かけてみませんか？

本書ができあがるまでには、実に多くの方々のご協力をいただきました。本書の実現のためにイニシアティブをとってくださった日本野外生活推進協会の高見豊さん・幸子さんと活動紹介のためにご執筆をいただいた協会のご関係者のみなさま、保育園でのお仕事が忙しいなか取材・執筆・資料提供を快く引き受けていただいたみたけ保育園および山五十嵐保育園のご関係者のみなさま、スウェーデンの野外保育園の写真を提供してくださったリンデ夫妻とムッレボーイ保育園のみなさま、そのほか取材に協力してくださった多くの方々に、この場を借りて感謝の意を表したいと思います。彼らの多大な助力がなければ、本書は完成の日を迎えることはなかったでしょう。最後に、企画から加筆・編集までのすべてに関してアドバイスをいただき、いつも温かく励ましてくださった株式会社新評論の武市一幸氏に心より御礼を申し上げます。

私たちの一〇〇年後に生きる、まだ見ぬすべての子どもたちに本書を捧げたいと思います。

二〇〇七年　三月

岡部　翠

日本野外生活推進協会(森のムッレ協会)のご案内

日本野外生活推進協会は、2014年７月26日より、森のムッレの活動を実践している組織（保育園、こども園、NPO、任意団体、大学、企業等）と契約でむすぶネットワーク組織として生まれ変わりました。

名前は法人化し、一般社団法人　日本野外生活推進協会となりました。

当協会の活動やネットワークについてなど詳細は、ホームページとfacebookをご覧ください。

ホームページ　mulle.sakura.ne.jp/

フェイスブック　https://www.facebook.com/mulle2014

執筆者紹介（登場順）

岡部　翠（おかべ・みどり）奥付参照。

高見　幸子（たかみ・さちこ）
1949年生、兵庫県出身、スウェーデン在住。国際NGOナチュラル・ステップ・ジャパン代表。日本野外生活推進協会顧問。1992年、日本野外生活推進協会の設立に関わり、スウェーデンと日本の橋渡し役をしながら「森のムッレ教室」の普及活動に努めている。著書『日本再生のルール・ブック』、訳書『自然に出かけよう』、訳・監修『スウェーデンの持続可能なまちづくり』などがある。

高見　豊（たかみ・ゆたか）
1946年生、兵庫県出身。1992年に日本野外生活推進協会を設立後会長に就任。2002年にリーダー養成講座の講師を養成する上級講師コース修了。同年、スウェーデンの「森のムッレ財団」の最優秀リーダー賞を受賞。

西躰　通子（にしたい・みちこ）
1937年生、兵庫県出身。兵庫県市島町の保育園に勤務後、1992年より神戸市内ポートピア保育園園長、2008年同市内旗塚保育所園長。その間、兵庫大学短期大学部非常勤講師。2002年に、リーダー養成講座の講師を養成する上級講師コース修了。現在、日本野外生活推進協会理事（養成講座担当）。

荻野　尚子（おぎの・なおこ）
1960年生、兵庫県出身。1981年より保育士として鴨庄保育園に勤務。高見幸子氏の手ほどきで「ムッレ」を知る。現在、認定こども園吉見こども園（吉見保育園）園長。リーダー養成講座講師。

阿部　桂子（あべ・けいこ）
1937年生、新潟市出身、新潟市在住。2008年、新潟市立園長を退職後、社会福祉法人山五十嵐保育園園長としてムッレ教育を保育に取り入れる。2000年、森のムッレ協会新潟県支部を設立後、事務局長としてムッレ教育の普及に努める。現在、リーダー養成講座講師、日本野外生活推進協会役員。

五十嵐裕子（いからし・ゆうこ）
1948年生、新潟市出身。福祉法人医療専門学校非常勤講師。公立の保育園勤務を経て「社会福祉法人山五十嵐保育園」に勤務し、ムッレ教育を実践する。現在は、「社会福祉法人みたけ保育園」に勤務し、ムッレ教育を行っている。リーダー養成講座講師。日本野外生活推進協会新潟県支部事務局を担当。

下重　喜代（しもじゅう・きよ）
1946年生、東京都出身。（有）ネイチャー＆カルチャー代表取締役、実践女子短期大学非常勤講師、自然体験活動推進協議会コーディネーター。青空冒険学校、こどもエコクラブ「WINGジュニアクラブ」などを組織し、次世代の地球市民育成に情熱を燃やし、東京での「森のムッレ教室」につなげる。リーダー養成講座講師。共著：『楽農宣言』（コモンズ刊）、「市民版／日野・まちづくりマスタープラン」。

編著者紹介

岡部　翠（おかべ・みどり）
1977年生、東京に生まれる。1996年に国際基督教大学に入学し、在籍中に米国ジョージタウン大学に留学。のちに、東京大学大学院新領域創成科学研究科にて国際環境協力を専攻し、2002年に修士号を取得。
現在、野外教育インストラクターの傍ら、著作活動を行う。『親子で作る！　自然素材のかんたん雑貨&おもちゃ』（日東書院、2014年）を監修。
訳書として、『世界平和への冒険旅行——ダグ・ハマーショルドと国連の未来』（ブライアン・アークハート他、新評論、2013年）がある。

幼児のための環境教育
——スウェーデンからの贈りもの「森のムッレ教室」——　（検印廃止）

2007年 4 月25日　初版第 1 刷発行
2010年 6 月10日　初版第 2 刷発行
2015年11月20日　初版第 3 刷発行

編著者　岡部　翠
発行者　武市一幸

発行所　株式会社 新評論

〒169-0051 東京都新宿区西早稲田 3-16-28
電話 03(3202)7391
振替・00160-1-113487

落丁・乱丁はお取り替えします。
定価はカバーに表示してあります。
http://www.shinhyoron.co.jp

印刷　フォレスト
製本　中永製本所
装丁　山田英春

Printed in Japan
ISBN978-4-7948-0735-9

新評論　好評既刊　北欧を知るための本

藤井　威

スウェーデン・スペシャル　I

高福祉高負担政策の背景と現状

この国の存在感は一体どこからくるのか？前・駐スウェーデン特命全権大使による最新のレポート！

[四六上製　258 頁　2500 円　ISBN978-4-7948-0565-2]

スウェーデン・スペシャル　II

民主・中立国家への苦闘と成果

遊び心の歴史散歩から、民主・中立国家の背景が見えてきた。前・駐スウェーデン特命全権大使による最新のレポート 2

[四六上製　314 頁　2800 円　ISBN978-4-7948-0577-5]

スウェーデン・スペシャル　III

福祉国家における地方自治

高度に発達した地方分権の現状を市民の視点から解明！前・駐スウェーデン特命全権大使による最新のレポート 3

[四六上製　234 頁　2200 円　ISBN978-4-7948-0620-8]

小林ソーデルマン淳子・吉田右子・和気尚美

読書を支えるスウェーデンの公共図書館

文化・情報へのアクセスを保障する空間

人は誰しも本を読む権利があり、それを保証する場所が公共図書館―100 年にわたる歴史の中で弛みなく鍛えられてきた図書館文化の真髄。

[四六上製　260 頁+カラー口絵 4 頁　2200 円　ISBN978-4-7948-0912-4]

吉田右子

デンマークのにぎやかな公共図書館

平等・共有・セルフヘルプを実現する場所

平等・共有・セルフヘルプの社会理念に支えられた北欧の豊かな“公共図書館文化”を余すところなく紹介！

[四六上製　268 頁+カラー口絵 4 頁　2400 円　ISBN978-4-7948-0849-3]

マグヌスセン矢部直美・吉田右子・和気尚美

文化を育むノルウェーの図書館

物語・ことば・知識が踊る空間

険しい地勢条件を乗り越え、充実したシステムを構築している“隠れ図書館大国”ノルウェー。その先進性と豊かさに学ぶ。

[四六上製　316 頁+カラー口絵 4 頁　2800 円　ISBN978-4-7948-0941-4]

表示価格は本体価格（税抜）です。